First entrance of the chorus. Autograph manuscript.

A German Requiem

Op. 45, in Full Score

From the Breitkopf & Härtel Complete Works Edition
Edited by Eusebius Mandyczewski

Johannes Brahms

DOVER PUBLICATIONS, INC.
Mineola, New York

Published in Canada by General Publishing Company, Ltd., 30 Lesmill Road, Don Mills, Toronto, Ontario.

Bibliographical Note

This Dover edition, first published in 1999, is a republication of Volume 17 (*Ein deutsches Requiem nach Worten der heiligen Schrift für Soli, Chor und Orchester [Orgel ad libitum], Op. 45*) of *Johannes Brahms; Sämtliche Werke; Ausgabe der Gesellschaft der Musikfreunde in Wien,* originally published by Breitkopf & Härtel, Leipzig, n.d. [1926–7]. A new table of contents and a new English list of instruments and voices have been added, as well as the King James Version passages of the Bible corresponding to the German vocal texts.

International Standard Book Number: 0-486-40864-7

Manufactured in the United States of America
Dover Publications, Inc., 31 East 2nd Street, Mineola, N.Y. 11501

Contents

Texts and Translations

1

Selig sind, die da Leid tragen, denn sie sollen getröstet werden.

Die mit Tränen säen, werden mit Freuden ernten.
Sie gehen hin und weinen und tragen edlen Samen, und kommen mit Freuden und bringen ihre Garben.

2

Denn alles Fleisch ist wie Gras und alle Herrlichkeit des Menschen wie des Grases Blumen. Das Gras ist verdorret und die Blume abgefallen.

So seid nun geduldig, lieben Brüder, bis auf die Zukunft des Herrn. Siehe, ein Ackermann wartet auf die köstliche Frucht der Erde und ist geduldig darüber, bis er empfahe den Morgenregen und Abendregen.

Aber des Herrn Wort bleibet in Ewigkeit.

Die Erlöseten des Herrn werden wieder kommen, und gen Zion kommen mit Jauchzen; ewige Freude wird über ihrem Haupte sein; Freude und Wonne werden sie ergreifen und Schmerz und Seufzen wird weg müssen.

3

Herr, lehre doch mich, daß ein Ende mit mir haben muß, und mein Leben ein Ziel hat, und ich davon muß.
Siehe, meine Tage sind einer Hand breit vor dir, und mein Leben ist wie nichts vor dir.
Ach wie gar nichts sind alle Menschen, die doch so sicher leben. Sie gehen daher wie ein Schemen, und machen ihnen viel vergebliche Uhruhe; sie sammeln und wissen nicht wer es kriegen wird. Nun Herr, wess soll ich mich trösten? Ich hoffe auf dich.

Der Gerechten Seelen sind in Gottes Hand und keine Qual rühret sie an.

1

Blessed are they that mourn: for they shall be comforted.

Matthew 5: 4

They that sow in tears shall reap in joy.

He that goeth forth and weepeth, bearing precious seed, shall doubtless come again with rejoicing, bringing his sheaves with him.

Psalm 126: 5, 6

2

For all flesh is as grass, and all the glory of man as the flower of grass. The grass withereth, and the flower thereof falleth away.

1 Peter 1: 24

Be patient therefore, brethren, unto the coming of the Lord. Behold, the husbandman waiteth for the precious fruit of the earth, and hath long patience for it, until he receive the early and latter rain.

James 5: 7

But the word of the Lord endureth for ever.

1 Peter 1: 25

And the ransomed of the Lord shall return, and come to Zion with songs and everlasting joy upon their heads: they shall obtain joy and gladness, and sorrow and sighing shall flee away.

Isaiah 35: 10

3

Lord, make me to know mine end, and the measure of my days, what it is: that I may know how frail I am.

Behold, thou hast made my days as an handbreadth; and mine age is as nothing before thee. . . .

Surely every man walketh in a vain shew: surely they are disquieted in vain: he heapeth up riches, and knoweth not who shall gather them.

And now, Lord, what wait I for? my hope is in thee.

Psalm 39: 4-7

But the souls of the righteous are in the hand of God, and there shall no torment touch them.

Wisdom of Solomon 3: 1

4

Wie lieblich sind deine Wohnungen, Herr Zebaoth! Meine Seele verlanget und sehnet sich nach den Vorhöfen des Herrn; mein Leib und Seele freuen sich in dem lebendigen Gott. Wohl denen, die in deinem Hause wohnen, die loben dich immerdar.

5

Ihr habt nun Traurigkeit; aber ich will euch wieder sehen und euer Herz soll sich freuen und eure Freude soll niemand von euch nehmen.

Sehet mich an: Ich habe eine kleine Zeit Mühe und Arbeit gehabt und habe großen Trost funden.

Ich will euch trösten, wie Einen seine Mutter tröstet.

6

Denn wir haben hie keine bleibende Statt, sondern die zukünftige suchen wir.

Siehe, ich sage euch ein Geheimnis: Wir werden nicht alle entschlafen, wir werden aber alle verwandelt werden; und dasselbige plötzlich, in einem Augenblick, zu der Zeit der letzten Posaune. Denn es wird die Posaune schallen, und die Toten werden auferstehen unverweslich, und wir werden verwandelt werden. Dann wird erfüllet werden das Wort, das geschrieben steht: Der Tod ist verschlungen in den Sieg. Tod, wo ist dein Stachel? Hölle, wo ist dein Sieg?

Herr, du bist würdig zu nehmen Preis und Ehre und Kraft, denn du hast alle Dinge geschaffen, und durch deinen Willen haben sie das Wesen und sind geschaffen.

7

Selig sind die Toten, die in dem Herrn sterben, von nun an. Ja der Geist spricht, daß sie ruhen von ihrer Arbeit; denn ihre Werke folgen ihnen nach.

4

How amiable are thy tabernacles, O Lord of hosts!

My soul longeth, yea, even fainteth for the courts of the Lord: my heart and my flesh crieth out for the living God.

Blessed are they that dwell in thy house: they will be still praising thee.

Psalm 84: 1, 2, 4

5

And ye now therefore have sorrow: but I will see you again, and your heart shall rejoice, and your joy no man taketh from you.

John 16: 22

Ye see how for a little while I labor and toil, yet have I found much rest.

Ecclesiasticus 51:27

As one whom his mother comforteth, so will I comfort you. . . .

Isaiah 66: 13

6

For here have we no continuing city, but we seek one to come.

Hebrews 13: 14

Behold, I shew you a mystery; we shall not all sleep, but we shall all be changed,

In a moment, in the twinkling of an eye, at the last trump: for the trumpet shall sound, and the dead shall be raised incorruptible, and we shall be changed.

. . . then shall be brought to pass the saying that is written, Death is swallowed up in victory.

O death, where is thy sting? O grave, where is thy victory?

1 Corinthians 15: 51, 52, 54, 55

Thou art worthy, O Lord, to receive glory and honour and power: for thou hast created all things, and for thy pleasure they are and were created

Revelation 4: 11

7

. . . Blessed are the dead which die in the Lord from henceforth: Yea, saith the Spirit, that they may rest from their labours; and their works do follow them.

Revelation 14: 13

INSTRUMENTATION

Piccolo [kleine Flöte, kl. Fl.]
2 Flutes [Flöten, Fl.]
2 Oboes [Oboen, Ob.]
2 Clarinets in A, B♭ [B] [Klarinetten, Klar.]
2 Bassoons [Fagotte, Fag.]
Contrabassoon, *ad lib.* [Kontrafagott, K.-Fag.]

4 Horns in C-basso [tief C], D, E♭ [Es], E, F,
B♭-basso [tief B] [Hörner, Hr.]
2 Trumpets in C, D, B♭ [B] [Trompeten, Trpt.]
3 Trombones [Posaunen, Pos.]
Tuba

Timpani [Pauken, Pk.]

Harp [Harfe] *("doubled at least")*

Solo Voices
Soprano [Sopran]
Bass-Baritone [Baß-Bariton]

Full Chorus: SATB

Violins 1, 2 [Violine]
Violas [Bratsche]
Cellos [Violoncell]
Basses [Kontrabaß]

Organ, *ad lib.* [Orgel]

A German Requiem

to Words of Holy Scripture
for Soloists, Chorus and Orchestra

Op. 45

(1857–68)

First performance: Leipzig, 18 February 1869

1. Selig sind, die da Leid tragen

Blessed are they that mourn

Fl.
Ob.
Fag.
Hr. (F)
Pos.
11
Harfe
Se - lig sind, se - lig sind, die da Leid tra - gen,
Se - lig sind, se - lig sind, die da Leid tra -
Se - lig sind, se - lig sind, die da Leid tra -
Se - lig sind, se - - lig sind, die da Leid tra -
Pedal

A
Fl.
p
p dolce
Ob.
Fag.
p dolce
Hr.(F)
p
Pos.
p
23
Harfe
p
denn sie sol_len ge_tröstet wer - - - - den, se_lig sind, se_lig sind, die da Leid,
gen, denn sie sol_len ge_trö _ stet, ge_tröstet wer _ den, se_lig sind, se_lig sind, die da Leid,
gen, denn sie sol_len ge_tröstet, ge_tröstet wer _ den, se_lig sind, se_lig sind, die da Leid,
gen, denn sie sol_len ge_tröstet, ge_tröstet wer _ den, se_lig sind, se_lig sind, die da Leid,
pizz.
arco
pizz.
arco
A

Fl.
Ob.
Fag.
Hr. (F)
Pos.
35
Harfe
p espr.
Leid tragen, denn sie sollen getröstet,
Leid tragen, denn sie sollen, sie sollen ge-
Leid tragen, denn sie sollen getröstet,
Leid tragen, denn sie sollen getröstet, ge-
dim.
Pedal

B
Fl.
p dolce
Ob.
p dolce
Fag.
p dolce
Hr.(F)
p dolce
Pos.
2.
p dolce
43
Harfe
p
p
p cresc.
ge_trö_stet wer - - den.
Die mit
p
cresc.
trö - - stet wer - den.
Mit Trä_nen sä - - en, die mit
p
cresc.
ge_trö_stet wer - - den.
Die mit Trä - - - nen, die mit Trä - - nen, die mit
p
cresc.
trö - stet wer - - den.
Die mit Trä - - - nen, die mit Trä - - nen, die mit
p cresc.
p espr.
unis.
p cresc.
p
p cresc.
p
p cresc.
B

Fl.
Ob.
mf
Fag.
p
Hr.(F)
f
Pos.
2.
p
52
Harfe
f
3
Trä - - - - - - - nen, mit Trä_nen sä - en, wer - den mit Freu - den, mit Freu - den
Trä - nen, die mit Trä - - - nen sä - en, wer - den mit
Trä - nen, mit Trä - - nen sä - - - - en, wer - den mit Freu - den ern - ten,
Trä - nen sä - en, mit Trä - nen sä - - - - en, wer - den mit Freu - den
mf cresc.
pizz.
mf cresc.

Fl.
Ob.
Fag.
Hr.(F)
Pos.
57
Harfe
ern - ten, wer - - - - den mit Freu - - - - - - - den ern -
Freu - den, mit Freu - - den ern - ten, mit Freu - - - - - - - - den ern -
wer - den mit Freu - den, mit Freuden ern - - ten, mit Freu - den
ern - ten, wer - den mit Freu - den, mit Freuden ern - - ten, mit Freu - den
unis.
arco
mf cresc.
dim.

C
Fl.
Ob.
Fag.
Hr.(F)
pp
Pos.
62
Harfe
p espr.
ten.
Sie gehen hin und
p
ten.
Sie gehen hin und wei - nen,
espr.
sie
p
ern - ten.
Sie ge-hen hin und wei - nen,
und wei - nen,
sie
p
espr.
ern - ten.
Sie ge-hen hin und wei - nen, und wei - nen, sie
pp legato
pp legato
pp legato
pp legato
pp
pp
pp
Pedal
C

D
Fl.
1.
p espr.
p
dolce
Ob.
p espr.
Fag.
Hr.(F)
pp
Pos.
pp 1.
2.
pp
72
Harfe
wei - - - - nen, und wei - nen,
ge - hen hin und wei - nen, wei - nen,
ge - hen hin und wei - nen, wei - nen,
pp
sie ge - hen hin und wei - nen,
ge - hen hin und wei - nen,
pp
sie ge - hen hin und wei - nen,
dim.
ppp
p
D

Fl.
Ob.
Fag.
Hr. (F)
Pos.
82
Harfe
cresc.
p cresc.
p
p cresc.
f
und tra - gen, tra - gen ed - len Sa - men, ed - len Sa - men und kom - men mit
p espr.
sie gehn und wei - nen und tra - gen, und tragen ed - len, ed - len Sa - men,
hin und wei - nen und tra - gen, und tragen ed - len Sa - men, kom - men mit Freuden, mit
hin und wei - nen und tra - gen, und tragen ed - len, ed - len Sa - men, und
mf cresc.
pizz.

Fl.
mf
dim.
Ob.
mf
dim.
Fag.
mf
dim.
Hr. (F)
p
mf
dim.
Pos.
2.
p
1.
2.
3.
mf
89
Harfe
dim.
Freu_den, kom_men mit Freu_den und brin_ _gen ih_re Gar_ _ _ben, ih_ _re
und kom_men mit Freu_den, kom_ _men mit Freu_den und brin_ _ _ _ _gen ih_re
Freu_den, und kommen mit Freu_den, kom_men mit Freu_ _den und brin_gen
kom_men mit Freuden, mit Freu_den, und kom_men mit Freu_den, kom_men mit Freu_ _den und brin_gen
f
p
mf cresc.
unis.
arco
f
dim.

Fl.
Ob.
Fag.
2.
pp
Hr. (F)
2.
pp
Pos.
94
Harfe
Gar - ben.
Gar - ben.
ih - re Gar - ben.
ih - re Gar - ben.
pp
Se - lig sind,
se -
Pedal

E
Fl.
p espr.
Ob.
p espr.
Fag.
Hr. (F)
Pos.
105
Harfe
lig sind, se - lig sind, die da Leid tra - gen, denn sie
lig, se - lig sind, die da Leid tra - gen, se - lig sind, die da Leid tra - gen, denn sie
lig sind, die da Leid tra - gen, se - lig sind, die da Leid tra - gen, denn sie
se - lig sind, die da Leid tra - gen, denn sie
cresc.
p cresc.
E

Fl.
Ob.
Fag.
Hr.(F)
Pos.
116
Harfe
sol_len ge_tröstet wer - - - - den, se_lig sind, se_lig sind, die da Leid tra_
sol_len ge_trö_stet, ge_trö_stet wer_den, se_lig sind, se_lig sind, die da Leid tra_
sol_len ge_tröstet, ge_trö_stet wer_den, se_lig sind, se_lig sind, die da Leid tra_
sol_len ge_tröstet, ge_trö_stet wer_den, se_lig sind, se_lig sind, die da Leid tra_

Fl.
Ob.
Fag.
Hr.(F)
Pos.
127
Harfe
gen, denn sie sol_len ge_trö_ _ _stet, ge_trö_stet wer_
gen, denn sie sol_len ge_trö_ _ _stet, ge_ _trö_ _ _stet wer_
gen, denn sie sol_len ge_trö_ _ _ _stet, ge_trö_stet wer_
gen, denn sie sol_len ge_trö_ _stet, ge_ _trö_ _stet wer_
p
dim.

F
Fl.
p dolce
cresc.
f dim.
Ob.
p dolce
cresc.
f dim.
Fag.
a 2
p dolce
a 2
cresc.
f
dim.
p
Hr. (F)
cresc.
f dim.
p
Pos.
135
Harfe
den,
ge-trö-stet wer-den, sie solln ge-trö-stet wer-den,
den,
ge-trö-stet wer-den, ge-trö-stet wer-den,
den,
ge-trö-stet wer-den, ge-trö-stet wer-den, ge-
den,
sie sol-len ge-trö-stet wer-den,
p
cresc.
f dim.
p
pizz.
arco
Manual
Pedal
F

Fl.
Ob.
Fag.
Hr. (F)
Pos.
145
Harfe
p cresc.
cresc.
f dim. p
ge - trö - stet wer - den, denn sie sol - - - - - len ge -
denn sie sol - - - - - len ge -
trö - stet wer - den, ge - trö - stet wer - den, denn sie sol - len ge -
ge - trö - stet, ge - trö - stet, sie solln ge -
mf
Oben
pp

Fl.
Ob.
Fag.
Hr.(F)
Pos.
152
Harfe
trö - stet wer - den, ge - trö - stet wer - den.
trö - stet wer - den, ge - trö - stet wer - den.
trö - stet wer - den, ge - trö - stet wer - den.
trö - stet wer - den, ge - trö - stet wer - den.
pizz.
pizz.
pizz.
pizz.

2. Denn alles Fleisch es ist wie Gras

For all flesh is as grass

kl. Fl.
p dolce
Fl.
pp
pp dolce
Ob.
Klar. (B)
pp
Fag.
pp
K.-Fag.
pp
Hr. (B)
pp
Hr. (C)
a 2
pp
Trpt. (B)
pp
Pos.
3. Pos. Tuba
ben marc.
Pk.
pp
10
Harfe
p
pp
unis.
div.

A
kl.Fl.
Fl.
Ob.
Klar.(B)
Fag.
K.-Fag.
Hr.(B)
Hr.(C)
Trpt.(B)
Pos.
3. Pos. Tuba
Pk.
Harfe
pp legato ma un poco marc.
p legato
dolce
a 2
div. a 3
dim.
Denn al - les Fleisch es ist wie Gras und al - le Herr - lich - keit des
A

kl. Fl.
p dolce
Fl.
pp
Ob.
p dolce
Klar. (B)
pp
Fag.
dolce
pp
K.-Fag.
pp
Hr. (B)
Hr. (C)
a 2
pp
Trpt. (B)
pp
Pos.
2.
3. Pos. Tuba
Pk.
30
Harfe
p
p
Das Gras ist ver - dorret und die Blu - me ab - ge -
Men - schen wie des Gra - ses Blumen. Das Gras ist ver - dorret und die Blu - me ab - ge -
Men - schen wie des Gra - ses Blumen. und die Blu - me ab - ge -
Men - schen wie des Gra - ses Blumen. und die Blu - me ab - ge -
unis.
p
p
p

B
kl. Fl.
Fl.
Ob.
Klar.(B)
Fag.
K.-Fag.
Hr.(B)
Hr.(C)
Trpt.(B)
Pos.
3. Pos. Tuba
Pk.
39
Harfe
fal - - - len.
fal - - - len.
fal - - - len.
fal - - - len.
poco a poco cresc.
p marc.
a 2
p ben marc. poco a poco cresc.
div.
div. a 3
(Pedal)
B

48

kl. Fl.
Fl.
Ob.
Klar. (B)
Fag.
K.-Fag.
Hr. (B)
Hr. (C)
Trpt. (B)
Pos.
3. Pos. Tuba
Pk.
Harfe
mf cresc.
mf sempre cresc.
p cresc.
cresc.
sempre cresc.
div.
Denn al - les
Denn al - les
Denn al - les
Denn al - les

kl. Fl.
Fl.
Ob.
Klar. (B)
Fag.
K.-Fag.
Hr. (B)
Hr. (C)
Trpt. (B)
Pos.
3. Pos. Tuba
Pk.
Harfe
56
a 2
dim.
p
pp
dim. molto
unis.
Fleisch es ist wie Gras und al - le Herr - lich - keit des Men - schen wie des

kl.Fl.
p dolce
Fl.
dolce
pp
Ob.
dolce
Klar.(B)
pp
Fag.
pp
K.-Fag.
pp
Hr.(B)
pp
Hr.(C)
Trpt.(B)
Pos.
pp
3.Pos.Tuba
pp
Pk.
p
64
Harfe
p
Gra - ses Blumen.
p espr.
So
Gra - ses Blumen. Das Gras ist ver - dorret und die Blu - me ab - ge - fal - - - len.
p espr.
So
Gra - ses Blumen. Das Gras ist ver - dorret und die Blu - me ab - ge - fal - - - len.
p espr.
So
Gra - ses Blumen. und die Blu - me ab - ge - fal - len.
pp
div.
pp
pp
pp
pp

kl.Fl.
C
Etwas bewegter [Somewhat more animated]
Fl.
Ob.
Klar. (B)
Fag.
K.-Fag.
Hr. (B)
Hr. (C)
Trpt. (B)
Pos.
3. Pos. Tuba
Pk.
p dolce espr.
p dolce espr.
a 2
p dolce
p dolce
75
Harfe
seid nun ge - dul - dig, lie - ben Brü - der, bis auf die Zu - - kunft des Herrn,
seid nun ge - dul - dig, lie - ben Brü - der, bis auf die Zukunft, die Zu - kunft des Herrn,
seid nun ge - dul - dig, lie - ben Brü - der, bis auf die Zukunft, die Zu - kunft des Herrn,
p espr.
So seid nun ge - dul - - dig bis auf die Zu - kunft des Herrn,
p dolce
p dolce
p dolce
p dolce
C
Etwas bewegter

D
kl.Fl.
Fl.
Ob.
Klar. (B)
Fag.
K-Fag.
Hr. (B)
Hr. (C)
p cresc.
Trpt. (B)
Pos.
3. Pos. Tuba
Pk.
87
Harfe
p dolce
cresc.
bis auf die Zu - kunft des Herrn. Siehe ein Ackermann war - - tet auf die köst -
p dolce
cresc.
bis auf die Zukunft, die Zukunft des Herrn. Siehe ein Ackermann war - tet auf die köstli-che Frucht, die
p dolce
cresc.
bis auf die Zukunft, die Zukunft des Herrn. Siehe er war - tet auf die köstli-che Frucht, die
p dolce
cresc.
bis auf die Zukunft des Herrn. Siehe ein Ackermann war - tet auf die köst -
p dolce
p cresc.
p dolce
p cresc.
p dolce
p cresc.
pizz.
p dolce
marc.
p cresc.
D

kl.Fl.
Fl.
1.Solo
Ob.
pp dolce
Klar.(B)
Fag.
a 2
p
pp
K.-Fag.
Hr.(B)
p
pp
Hr.(C)
Trpt.(B)
Pos.
3.Pos. Tuba
Pk.
98
Harfe
p
p dolce
li - che Frucht der Er - - - de und ist ge- dul - - - - dig dar- ü - ber,
p dolce
köst-li-che Frucht, auf die köst-li-che Frucht der Er - de und ist ge - duldig dar- ü - ber,
p dolce
köst-li-che Frucht, auf die köst-li-che Frucht der Er - - de und ist ge- dul - - - - dig dar- ü - ber,
p dolce
li - che Frucht, auf die köst-li-che Frucht der Er - - de und ist ge - duldig dar-
pizz.
pp
pizz.
pp
pizz.
pp
pp
pizz.
pp

kl. Fl.
Fl.
Ob.
Klar. (B)
Fag.
K.-Fag
Hr. (B)
Hr. (C)
Trpt. (B)
Pos.
3. Pos. Tuba
Pk.
109
Harfe
sempre pp
bis er emp- fa - he den Morgen- re - - - - gen und Abend- re - - - - -
bis er emp- fa - he den Morgen- re - - - - gen und Abend- re - - - - -
bis er emp- fa - he den Morgen- re - - - - gen und Abend- re - - - - -
ü - - ber, bis er emp- fa - - he den A - bend- re - - - - -
pp

E
Tempo I
kl.Fl.
Fl.
Ob.
Klar.(B)
Fag.
K.-Fag.
Hr.(B)
Hr.(C)
Trpt.(B)
Pos.
3.Pos.Tuba
Pk.
119
Harfe
pp m. v. legato ma un poco marc.
a 2
dim.
gen. So seid ge-dul - - dig.
arco
div.
div. a 3
pp legato ma un poco marc.
E
Tempo I

kl. Fl.
p dolce
Fl.
a 2
pp
Ob.
pp dolce
Klar. (B)
pp
Fag.
pp
K-Fag.
pp
Hr. (B)
pp
Hr. (C)
Trpt. (B)
Pos.
3. Pos. Tuba
Pk.
3
pp
131
Harfe
pp
unis.
unis.
pp
pp
pp
pp
pp

F
kl. Fl.
Fl.
Ob.
Klar. (B)
Fag.
K-Fag.
Hr. (B)
Hr. (C)
a 2
Trpt. (B)
Pos.
3. Pos. Tuba
Pk.
ben marc.
141
Harfe
pp legato ma un poco marc.
p legato
div.
div. a 3
legato ma un poco marc.
Denn al - les Fleisch es ist wie Gras und
Denn al - les Fleisch es ist wie Gras und
Denn al - les Fleisch es ist wie Gras und
F

kl. Fl.
Fl.
a 2
Ob.
dolce
Klar. (B)
a 2
Fag.
K.-Fag.
Hr. (B)
Hr. (C)
Trpt. (B)
Pos.
3. Pos. Tuba
Pk.
151
Harfe
dim.
pp
p dolce
dolce
p
Das Gras ist ver - dor - ret
al - le Herr - lich - keit des Men - schen wie des Gra - ses Blumen. Das Gras ist ver - dor - ret
al - le Herr - lich - keit des Men - schen wie des Gra - ses Blumen.
al - le Herr - lich - keit des Men - schen wie des Gra - ses Blumen.
unis.

G
kl.Fl.
Fl.
Ob.
Klar.(B)
Fag.
K.-Fag.
Hr.(B)
Hr.(C)
Trpt.(B)
Pos.
3.Pos.Tuba
Pk.
Harfe
160
pp
p marc.
a 2
p ben marc.
und die Blu - me ab - ge - fal - - - len.
div.
div. a 3
(Pedal)

kl. Fl.
Fl.
poco a poco cresc.
mf cresc.
Ob.
mf cresc.
Klar. (B)
poco a poco cresc.
mf cresc.
Fag.
mf cresc.
K-Fag.
poco a poco cresc.
mf sempre cresc.
Hr. (B)
mf cresc.
poco a poco cresc.
Hr. (C)
Trpt. (B) poco a poco cresc.
Pos.
3. Pos. Tuba
p cresc.
Pk.
poco a poco cresc.
169
Harfe
poco a poco cresc.
mf
sempre cresc.
cresc.

kl. Fl.
Fl.
Ob.
Klar. (B)
Fag.
K-Fag.
Hr. (B)
Hr. (C)
Trpt. (B)
Pos.
3. Pos. Tuba
Pk.
178
Harfe
Denn al - les Fleisch es ist wie Gras und al - le Herr - lich - keit des
Denn al - les Fleisch es ist wie Gras und al - le Herr - lich - keit des
Denn al - les Fleisch es ist wie Gras und al - le Herr - lich - keit des
Denn al - les Fleisch es ist wie Gras und al - le Herr - lich - keit des
div.
unis.
unis.
a 2
dim.
dim. molto

kl. Fl.
Fl.
Ob.
Klar. (B)
a 2
Fag.
K.-Fag.
Hr. (B)
Hr. (C)
Trpt. (B)
Pos.
3. Pos. Tuba
Pk.
186
Harfe
dolce
Men - schen wie des Gra - ses Blumen.
Men - schen wie des Gra - ses Blumen. Das Gras ist ver - dorret und die Blu - me ab - ge - fal - - - len.
Men - schen wie des Gra - ses Blumen. Das Gras ist ver - dorret und die Blu - me ab - ge - fal - - - len.
Men - schen wie des Gra - ses Blumen. und die Blu - me ab - ge - fal - len.
div.
unis.

kl. Fl.
H Un poco sostenuto
Fl.
Ob.
Klar. (B)
Fag.
K.-Fag.
Hr. (B)
Hr. (F)
Trpt. (B)
Pos.
3. Pos. Tuba
Pk.
198
A - ber des Herrn Wort blei - bet, blei - bet in E - - - - - -
A - ber des Herrn Wort blei - bet, blei - bet in E - - - - - -
A - ber des Herrn Wort blei - bet, blei - bet in E - - - - - -
A - ber des Herrn Wort blei - bet, blei - bet in E - - - wig -
senza sord.
senza sord.
senza sord.
a 2
ff marc.
H Un poco sostenuto

Allegro non troppo
kl.Fl.
Fl.
Ob.
Klar. (B)
Fag. a 2
K-Fag. ff marc.
Hr.(B) a 2
Hr.(F) ff marc.
Trpt.(B)
Pos.
3. Pos. Tuba
Pk.
204
wig-keit.
wig-keit.
wig-keit.
keit, in E - - -wig- -keit. Die Er-lö-seten des Herrn werden wieder kommen, und gen Zi-on,
Allegro non troppo

kl. Fl.
Fl.
Ob.
a 2
Klar. (B)
a 2
Fag.
K.-Fag.
Hr. (B)
Hr. (F)
Trpt. (B)
Pos.
3. Pos. Tuba
Pk.
211
Die Er - lö - seten des Herrn werden wie - der kom - men, und gen Zi - on, und gen Zi - on
Die Er - lö - seten des Herrn werden wie - der kommen, und gen Zi - on kom - men mit
Die Er - lö - se - ten des Herrn werden wie - der kommen, und gen Zi - on kom - men mit
und gen Zi - on kommen mit Jauchzen, die Er - lö - seten des Herrn werden wieder kommen, und gen Zi - on

I
kl. Fl.
Fl.
Ob.
Klar. (B)
Fag.
K.-Fag.
Hr. (B)
Hr. (F)
Trpt. (B)
Pos.
3. Pos. Tuba
Pk.
f
cresc.
f marc.
a 2
218
kommen mit Jauchzen; Freu - de, Freu - de, Freu - de, Freu - de,
Jauch - zen; Freu - de, Freu - de, Freu - de, Freu - de,
Jauch - zen; e - wi - ge Freu - de, e - wi - ge Freu - de,
kommen mit Jauchzen; Freu - de, Freu - de, Freu - de, Freu - de,
I

kl. Fl.
Fl.
Ob.
Klar. (B)
Fag.
K.-Fag.
Hr. (B)
Hr. (F)
Trpt. (B)
Pos.
3. Pos. Tuba
Pk.
223
e- -wi-ge Freu- - - - -de wird ü-ber ih- - - - -rem Haup- - -
e- -wi-ge Freu- - - - -de wird ü-ber ih- - - - -rem Haup- - -
e- -wi-ge Freu- - - - -de wird ü-ber ih- - - - -rem Haup- - -
e- -wi-ge Freu- - - - -de wird ü-ber ih- - - - -rem Haup- - -
Oben
Man.

K
kl. Fl.
Fl.
Ob.
a 2
Klar. (B)
Fag.
K-Fag.
Hr. (B)
Hr. (F)
f marc.
Trpt. (B)
Pos.
3. Pos. Tuba
Pk.
230
te sein; Freu - de und Won - ne wer - den sie er - grei - fen, und
te sein; und
te sein; Freu - de und Won - ne und
te sein; und
cresc.
K

kl. Fl.
Fl.
Ob.
Klar.(B)
Fag.
K.-Fag.
Hr.(B)
Hr.(F)
Trpt.(B)
Pos.
3. Pos. Tuba
Pk.
239
Schmerz und Seuf_zen wird weg, wird weg müs - sen;
Schmerz und Seuf_zen wird weg, wird weg müs_sen; Freu_de und Won - - - ne,
Schmerz und Seuf_zen wird weg, wird weg müs_sen; Freu_de und Won - ne_ werden sie er_
Schmerz und Seuf_zen wird weg, wird weg müs_sen; Freu - - - de und Won - - -

kl. Fl.
Fl.
Ob.
Klar. (B)
Fag.
a 2
K.-Fag.
Hr. (B)
Hr. (F)
Trpt. (B)
Pos.
3. Pos. Tuba
Pk.
248
wer - den sie er - greifen, und Schmerz
Won - ne wer - den sie er - grei - fen, sie er - greifen, und Schmerz
grei - fen, wer - den sie er - grei - fen, er - greifen, und Schmerz
ne wer - den sie er - grei - fen. wer - den sie er - greifen, und Schmerz

L
kl. Fl.
Fl.
a 2 molto marc.
f cresc.
Ob.
a 2 molto marc.
f cresc.
ff
Klar. (B)
a 2 molto marc.
f cresc.
ff
Fag.
a 2
p cresc.
f
K.-Fag.
Hr. (B)
a 2 marc.
mf cresc.
Hr. (F)
marc. a 2
f cresc.
Trpt. (B)
Pos.
pp
3. Pos. Tuba
pp
Pk.
258
und Seuf - - zen wird weg, wird weg müs - sen, weg müs - sen.
und Seuf - - zen wird weg, wird weg, wird weg, wird weg müs - sen, weg müs - sen.
und Seuf - - zen wird weg, wird weg, wird weg, wird weg müs - sen, weg müs - sen.
und Seuf - - zen wird weg, wird weg müs - sen, weg müs - sen.
cresc.
f
pp
p cresc.
mf
L

kl. Fl.
Fl.
Ob.
Klar. (B)
Fag.
K.-Fag.
Hr. (B)
Hr. (F)
Trpt. (B)
Pos.
3. Pos. Tuba
Pk.
269
ff marc.
sempre cresc.
f sempre cresc.
Die Er - lö - seten des Herrn, die Er - lö - seten des Herrn wer - den
Die Er - lö - seten des Herrn, die Er - lö - seten des Herrn wer - den
Die Erlö - seten des Herrn, die Er - lö - - se - ten des Herrn wer - den
Die Er - lö - seten des Herrn, die Er - lö - seten des Herrn wer - den
Ped.

kl. Fl.
Fl.
Ob.
Klar. (B)
Fag.
K-Fag.
Hr. (B)
Hr. (F)
Trpt. (B)
Pos.
3. Pos. Tuba
Pk.
276
wie_der kommen, und gen Zi_on, und gen Zi_on kommen mit Jauchzen, kommen mit Jauchzen, kom - men mit
wie_der kom_men, und gen Zi_on, und gen Zi_on kommen mit Jauchzen, kommen mit Jauchzen, und gen Zi_on_
wie_der kommen, und gen Zi_on, und gen Zi_on kommen mit Jauchzen, kommen mit Jauchzen, und gen Zi_on,
wie_der kom_men, und gen Zi_on, und gen Zi_on kommen mit Jauchzen, kommen mit Jauchzen, und gen Zi_on,

kl. Fl.
Fl.
Ob.
Klar. (B)
Fag.
K.-Fag.
Hr. (B)
Hr. (F)
Trpt. (B)
Pos.
3. Pos. Tuba
Pk.
282
a 2
cresc.
ff
f
Jauch - zen, mit Jauch - zen, kom - men, kom - men, kom - men, kom - men,
kom - men mit Jauch - zen, kom - men, kom - men, kom - men, kom - men,
und gen Zi - on kom - men, kom - men, kom - men, kom - men, kom - men,
und gen Zi - on kom - men, kom - men mit Jauch - zen, mit Jauch - zen, mit Jauch - zen, mit Jauch-

M
kl. Fl.
Fl.
Ob.
Klar. (B)
Fag.
K.-Fag.
Hr. (B)
Hr. (F)
Trpt. (B)
Pos.
3. Pos. Tuba
Pk.
a 2
f marc.
287
kom - men mit Jauch - zen;
Freu - de,
kom - men, kommen mit Jauch - zen;
e - wi - ge Freu - de,
kom - men, und gen Zi - on kommen mit Jauch - zen;
Freu - de, Freu - de,
- zen kom - men, gen Zi - on kom - men mit Jauch-zen;
Freu - de, Freu - de,
M

kl.Fl.
Fl.
Ob.
Klar.(B)
Fag.
K.Fag.
Hr.(B)
Hr.(F)
Trpt.(B)
Pos.
3.Pos.Tuba
Pk.
f marc.
293
Freu - de, Freu - de, Freu - de, Freu - de wird ü - ber
e - wi - ge Freu - de, e - wi - ge Freu - de wird ü - ber
Freu - de, Freu - de, e - wi - ge Freu - de wird ü - ber
Freu - de, Freu - de, e - wi - ge Freu - de wird ü - ber
cresc.
Oben

N tranquillo
kl.Fl.
Fl.
Ob.
Klar. (B)
Fag.
K.-Fag.
Hr. (B)
Hr. (F)
Trpt. (B)
Pos.
3. Pos. Tuba
Pk.
Solo
Solo
Solo
ih - rem Haup - te sein;
ih - rem Haup - te sein;
ih - rem Haup - te sein; e-
ih - rem Haup - te sein;
pizz.
Man.
Ped.
N tranquillo

kl. Fl.
Fl.
Ob.
Klar. (B)
Fag.
K.-Fag.
Hr. (B)
Hr. (F)
Trpt. (B)
Pos.
3. Pos. Tuba
Pk.
Solo
306
e - - wi - ge
- wi - ge Freu - de,
e - - wi - ge Freu - de,

kl. Fl.
Fl.
Ob.
Klar. (B)
Fag.
K-Fag.
Hr. (B)
Hr. (F)
Trpt. (B)
Pos.
3. Pos. Tuba
Pk.
315
e- -wi-ge Freu - de, e - wi-ge Freu - de, e - wi-ge
Freu-de,
e - wi-ge Freu - de, e - wi-ge Freu - de,
e - wi-ge Freu - de, e - wi-ge Freu - de,
dolce
e- -wi-ge Freu - de, e - wi-ge Freu - de, e - wi-ge,
div.

kl. Fl.
O
Fl.
Ob.
Klar. (B)
Fag.
K.-Fag.
Hr. (B)
Hr. (F)
Trpt. (B)
Pos.
3. Pos. Tuba
Pk.
marc.
p cresc. sempre
mf cresc. sempre
cresc. sempre
323
Freu - de wird ü - ber ih - rem Haup -
e - wi - ge Freu - de wird ü - ber ih -
e - wi - ge Freu - de wird ü - ber ih -
e - wi - ge Freu - de wird ü - ber ih -
arco
O

kl. Fl.
Fl.
Ob.
Klar. (B)
Fag.
K-Fag.
Hr. (B)
Hr. (F)
Trpt. (B)
Pos.
3. Pos. Tuba
Pk.
330
p molto dim.
fp dim
pp
p dim.
f
- - - - - - - te sein, e - wi - ge Freu - - - de.
rem Haup - - - te sein, e - wi - ge Freu - - - de.
rem Haup - - - te sein, e - wi - ge Freu - - - de.
rem Haup - - - te sein, e - wi - ge Freu - - - de.
fp molto dim.

3. Herr, lehre doch mich

Lord, make me to know

A
Fl.
Ob.
Klar. (A)
Fag.
K.-Fag.
Hr. (D)
Hr. (B)
Trpt. (D)
Pos.
3. Pos. Tuba
Pk.
12
und ich da - von muß, und ich da - von muß.
Herr, leh - re doch mich, daß ein En - de mit mir
Herr, leh - re doch mich, daß ein En - de mit mir
Herr, Herr, leh - re doch mich, daß ein En - de mit mir
Herr, Herr, leh - re doch mich, daß ein En - de mit mir
pizz.
A

Fl.
Ob.
Klar. (A)
Fag.
K.-Fag.
Hr. (D)
pp
Hr. (B)
Trpt. (D)
pp
Pos.
3. Pos. Tuba
Pk.
23
ha - ben muß, und mein Le - ben ein Ziel hat, und ich da - von muß, und ich da - von
ha - ben muß, und mein Le - ben ein Ziel hat, und ich da - von muß, und ich da - von
ha - ben muß, und mein Le - ben ein Ziel hat, und ich da - von muß, und ich da - von
ha - ben muß, und mein Le - ben ein Ziel hat, und ich da - von muß, und ich da - von

B
Fl.
pp
Ob.
pp legato
Klar. (A)
pp legato
Fag.
pp legato
K.-Fag.
Hr. (D)
pp
Hr. (B)
pp
Trpt. (D)
Pos.
3. Pos. Tuba
Pk.
sf
33
Sie-he, mei-ne Ta-ge sind ei-ne Handbreit vor dir, und mein Le-ben
muß.
muß.
muß.
muß.
arco
pp
arco
pp
B

Fl.
dim.
Ob.
dim.
Klar.(A)
dim.
Fag.
dim.
K.-Fag.
Hr.(D)
pp
dim.
Hr.(B)
Trpt.(D)
Pos.
3. Pos. Tuba
Pk.
44
ist — wie nichts vor dir.
p
cresc.
Sie - he, mei-ne Ta - ge sind ei-ner Hand breit vor
Sie - he, mei - ne Ta - ge sind ei - ner Hand breit vor
Sie - he, mei - ne Ta - ge sind ei - ner Hand breit vor
Sie - he, mei - ne Ta - ge sind ei - ner Hand breit vor
dim.
pp
(cresc.)
Ped.

Fl.
a 2
Ob.
Klar. (A)
Fag.
K.-Fag.
Hr. (D)
Hr. (B) 3.
Trpt. (D)
Pos.
3. Pos. Tuba
Pk.
54
dir
und mein Le - ben, mein Le - ben ist
dim.
p cresc.
cresc.
(cresc.)
(f)

C
Fl.
Ob.
Klar. (A)
Fag.
K-Fag.
Hr. (D)
Hr. (B)
Trpt. (D)
Pos.
3. Pos. Tuba
Pk.
62
Herr, leh-re doch mich, daß ein En - de mit mir
wie nichts vor dir.
wie nichts vor dir.
wie nichts vor dir.
wie nichts vor dir.
pizz.
C

Fl.
Ob.
Klar. (A)
Fag.
K-Fag.
Hr. (D)
Hr. (B)
Trpt. (D)
Pos.
3. Pos. Tuba
Pk.
72
ha - ben muß, und mein Le - ben ein Ziel hat, und ich da - von muß, und ich da - von
und
und
und
und

Fl.
Ob.
Klar. (A)
Fag.
K.-Fag.
Hr. (D)
Hr. (B)
Trpt. (D)
Pos.
3. Pos. Tuba
Pk.
82
muß, und ich da - von muß, und ich da - von muß, da - von
ich da - von muß, ich da - von muß, da - von
ich da - von muß, ich da - von muß, da - von
ich da - von muß, ich da - von muß, da - von
ich da - von muß, ich da - von muß, da - von
arco
dim.

Fl.
a 2
Ob.
Klar. (A)
Fag.
K.-Fag.
Hr. (D)
Hr. (B)
Trpt. (D)
Pos.
3. Pos. Tuba
Pk.
93
muß.
arco
dim.
Ped.

Fl.
Ob.
Klar. (A)
Fag.
K.-Fag.
Hr. (D)
Hr. (B)
Trpt. (D)
Pos.
3. Pos. Tuba
Pk.
101
Ach, wie gar nichts sind al-le Men-schen, die doch so
espr.
pizz.

Fl.
Ob.
Klar. (A)
Fag.
K.-Fag.
Hr. (D)
Hr. (B)
Trpt. (D)
Pos.
3. Pos. Tuba
Pk.
110
si - - cher le - - - - - - - - - - ben.
p espr.
dim.
arco
p

D
Fl.
Ob.
Klar. (A)
Fag.
K.-Fag.
Hr. (D)
Hr. (B)
Trpt. (D)
Pos.
3. Pos. Tuba
Pk.
118
Sie ge-hen da-her wie ein Sche - - - men, und machen ih - - nen viel ver-geb - li-che Un-
div.
D

E

Fl. *pp* — *p cresc.* — a 2 *f*

Ob. — *p cresc.* — *f*

Klar. (A) — *f*

Fag. — *p cresc.* — *f* — a 2

K.-Fag. — *f*

Hr. (D) 1. — *p*

Hr. (B)

Trpt. (D)

Pos. 2. — *p cresc.*

3. Pos. Tuba — *p cresc.*

Pk. tr tr tr

125 cresc.

ru-he; sie sammeln, und wissen nicht wer es kriegen wird.

f Ach, wie- gar nichts

f Ach, wie- gar nichts

f Ach, wie- gar nichts

f Ach, wie- gar nichts

p — *mf ma dolce*

p — *mf ma dolce*

p — *mf ma dolce*

cresc. — *f*

cresc. — *f*

E

Fl.
Ob.
Klar. (A)
Fag.
K.-Fag.
Hr. (D)
Hr. (B)
Trpt. (D)
Pos.
3. Pos. Tuba
Pk.
f
f
131
sind alle Menschen, die doch so sicher le-
sind alle Menschen, die doch so sicher, die doch so
sind al-le Menschen, die doch so sicher, die doch so
sind al-le Menschen, die doch so sicher, so si-

Fl.
Ob.
Klar. (A)
Fag.
K.-Fag.
Hr. (D)
Hr. (B)
Trpt. (D)
Pos.
3. Pos. Tuba
Pk.
136
ben.
si - cher, so si - cher le - ben.
si - cher, so si - cher le - ben.
- cher le - ben.

F
Fl.
pp
cresc.
Ob.
Klar. (A)
Fag.
a 2
mf cresc.
K-Fag.
pp
p molto cresc.
Hr. (D)
pp
cresc.
Hr. (B)
Trpt. (D)
pp
Pos.
2.
pp
3. Pos. Tuba
pp
cresc.
Pk.
pp
141
Nun Herr, wess soll ich mich trö - - sten?
p molto cresc.
Nun Herr,
p molto cresc.
Nun Herr,
mf molto cresc.
Nun Herr, wess soll ich mich
pp
p molto cresc.
pp
p molto cresc.
pp
p molto cresc.
p molto cresc.
pp
p molto cresc.
p
Ped.
F

Fl.
Ob.
a 2
Klar. (A)
a 2
Fag.
K.-Fag.
Hr. (D)
Hr. (B)
Trpt. (D)
cresc.
Pos.
3. Pos. Tuba
Pk.
cresc.
145
nun Herr, wess soll ich mich trö - - - sten, mich trö - - sten?
Nun Herr, nun Herr, wess soll ich mich trö - - - sten, mich
nun Herr, nun Herr, wess soll ich mich
trö - - - sten, mich trö - - sten? Nun Herr,

Fl.
a 2
Ob.
Klar. (A)
Fag.
K.-Fag.
Hr. (D)
Hr. (B)
Trpt. (D)
Pos.
3. Pos. Tuba
Pk.
148
Nun Herr, nun Herr, nun Herr, wess soll ich mich
trö - sten? Nun Herr,
trö - sten, mich trö - sten? Nun Herr, wess soll
nun Herr, wess soll ich mich trö - sten? Nun Herr,

Fl.
Ob.
Klar. (A)
a 2
Fag.
a 2
K.-Fag.
Hr. (D)
Hr. (B)
Trpt. (D)
a 2
a 2
Pos.
3. Pos. Tuba
Pk.
151
trö - - - sten?
Nun Herr, wess soll
ich mich trö - - - - sten?
nun Herr,
wess soll ich mich
ich mich trö - - - sten?
Nun Herr, wess soll ich mich
trö - - - sten?
wess soll ich mich
trö - - sten?

Fl.
Ob.
Klar. (A) a 2
Fag. a 2
K.-Fag.
Hr. (D) a 2
Hr. (B)
Trpt. (D)
Pos.
3. Pos. Tuba
Pk.
154
Nun Herr, nun Herr, wess soll ich mich trö - sten?
trö - sten? Nun Herr, nun Herr, wess soll ich mich trö - sten?
Nun Herr, nun Herr, nun Herr, wess soll ich mich
Nun Herr, nun Herr, nun Herr, wess soll ich mich

Fl.
p dim.
pp
Ob.
Klar. (A)
Fag.
a 2
K-Fag.
Hr. (D)
Hr. (B)
muta in D
Trpt. (D)
Pos.
3. Pos. Tuba
Pk.
158
wess soll ich mich trö - sten?
trö - sten?
Man. oben

Fl.
Ob.
Klar. (A)
Fag.
K.-Fag.
Hr. (D)
Hr. (D)
Trpt. (D)
Pos.
3. Pos. Tuba
Pk.
164
p
f
mf cresc.
cresc.
cresc. molto
f sempre
Ich hof - fe auf dich, auf dich, ich hof - fe, ich hof - fe auf dich, ich
Ich hof - fe, ich hof - fe auf dich, ich hof - fe, ich
Ich hof - fe auf dich, ich hof - fe auf dich, ich hof - fe, ich
Ich hof - fe, ich hof - fe, ich hof - fe, ich hof - fe auf dich, ich hof - fe,
sempre cresc.
(Einige Kontrabässe stimmen die E-Saite nach D um.)
Ped.

Fl.
Ob.
a 2
Klar.
(A)
a 2
Fag.
a 2
K.-Fag.
Hr.(D)
in D
Trpt.(D)
Pos.
3.Pos.
Tuba
Pk.
tr
fp ma ben marcato
171
hof - fe auf
dich.
hof - fe auf
dich.
Der Ge.
hof - fe auf
dich. Der Gerech - ten Seelen
sind in Got - tes Hand und kei - ne
Qual rüh - ret sie an, kei - ne
hof - fe auf
dich.
f sempre con tutta la forza
cresc.

Fl.
Ob.
Klar. (A)
Fag.
K.-Fag.
Hr. (D)
Trpt. (D)
Pos.
3. Pos. Tuba
Pk.
a 2
176
Der Ge-rech - ten See-len
rech - ten See-len sind in Got - tes Hand und kei - ne Qual rüh - ret sie an, kei - ne Qual, kei - ne
Qual, kei - ne Qual rüh - - ret sie an, der Ge - rech - ten See-len sind in Got-tes,

Fl.
Ob.
Klar.(A)
Fag.
K.-Fag.
Hr.(D)
Trpt.(D)
Pos.
3. Pos. Tuba
Pk.
179
sind in Got - tes Hand und kei - ne Qual rüh - ret sie an, kei - ne Qual, kei - ne Qual rüh -
Qual rüh - ret sie an, rüh-ret sie an, der Ge - rech-ten See-len sind in Got - tes
Got - tes Hand und kei - ne Qual rüh-ret sie an, der Ge - rech-ten See-len sind in
Der Ge - rech - ten See-len sind in Got - tes

G
Fl.
Ob.
a 2
Klar. (A)
Fag.
K.-Fag.
Hr. (D)
Trpt. (D)
Pos.
3. Pos. Tuba
Pk
182
- ret sie an,
der Ge-rech - ten See-len
sind in Got - tes Hand und kei - ne
Hand und kei - ne Qual rüh-ret sie
an,
der Ge -
rech-ten See-len sind in Got-tes
Got - tes Hand, sind in
Got - tes Hand, der Gerech - ten
See-len sind in Got - tes
Hand und kei - ne Qual rüh - ret sie
an, und kei - ne Qual rüh-ret sie
an,
der Ge -
G

Fl.
a 2
Ob.
a 2
Klar.(A)
Fag.
K.-Fag.
Hr.(D)
Trpt.(D)
Pos.
3. Pos. Tuba
Pk.
185
Qual rüh-ret sie an, kei-ne
Hand und kei-ne Qual, und kei-ne Qual rüh-ret sie an, der Ge-
Hand und kei-ne Qual, und kei-ne Qual rüh-ret sie
rech-ten See-len sind in Got-tes Hand und kei-ne Qual rüh-ret sie

Fl.
Ob.
Klar.(A)
a 2
Fag.
a 2
K.Fag.
Hr.(D)
Trpt.(D)
Pos.
3.Pos.Tuba
Pk.
188
cresc.
Qual, kei - ne Qual rüh - - - ret sie an, und kei - ne Qual rüh-ret sie an,
rech - ten See-len sind in Got - tes Hand und kei-ne Qual rüh-ret sie an,
an, der Ge-rech - ten See-len sind in Got - tes Hand und kei - ne Qual, kei-ne Qual rüh-
an, der Ge-rech - ten See-len sind in Got-tes Hand, kei - ne

Fl.
Ob.
Klar. (A)
Fag.
K-Fag.
Hr. (D)
Trpt. (D)
Pos.
3. Pos. Tuba
Pk.
191
der Ge-rech-ten See-len sind in Got-tes Hand und kei-ne Qual rüh-ret sie an, der Ge-
kei-ne Qual rüh-ret sie an, kei- -ne,
ret sie an, der Ge-rech-ten See-len sind in Got-tes Hand, der Ge-rech-ten See-len
Qual rüh-ret sie an, der Ge-rech-ten See-len sind in Got-tes Hand, der Ge-

H
Fl.
Ob.
Klar. (A)
a 2
Fag.
K.-Fag.
Hr. (D)
Trpt. (D)
Pos.
3. Pos. Tuba
Pk.
194
rech - ten See - len sind in Got - tes Hand und kei - - ne Qual - rüh - ret sie an,
kei - ne - Qual, und - kei - ne Qual, und kei - ne Qual - rüh - - ret sie an,
sind in - Got - tes Hand und kei - ne Qual, - kei - ne Qual, kei - ne - Qual rüh - ret sie an, der Ge -
rech - ten See - len sind - in - Got - - tes - Hand, der Ge - rech - ten See - len
H

Fl.
ff
Ob.
ff
Klar.(A)
Fag.
a 2
K.-Fag.
Hr.(D)
Trpt.(D)
Pos.
3. Pos. Tuba
Pk.
197
der Ge- rech - ten See-len sind in-Got-tes
der Ge-rech - ten See-len sind in- Got - tes Hand und kei-ne
rech - ten See - len sind in Got-tes Hand und kei - ne Qual rüh - ret sie an, der Ge-rech-ten
sind in- Got - tes Hand und kei - ne Qual, und- kei - ne Qual- rühret sie an, und
f
f

Fl.
Ob.
a 2
Klar. (A)
a 2
Fag.
K.-Fag.
Hr. (D)
Trpt. (D)
Pos.
3. Pos. Tuba
Pk.
200
Hand und kei - ne Qual rüh - ret sie an, rüh - - ret sie an, und kei - - ne
Qual rüh-ret sie an, und kei - ne Qual, kei-ne Qual rüh-ret sie an,
See-len sind in Got-tes Hand, kei - - ne Qual, kei - ne Qual
kei - - - ne Qual rüh - ret sie an, rüh - ret, rühret sie an, und kei - - ne Qual,

Fl.
Ob.
Klar. (A)
Fag.
K.-Fag.
a 2
Hr. (D)
Trpt. (D)
Pos.
3. Pos. Tuba
Pk.
203
Qual, und kei - - - - ne Qual, und kei - ne Qual, kei - ne Qual, kei - ne
und kei - ne Qual, und kei - ne Qual, kei - ne
und kei - ne Qual, kei - ne Qual, kei - ne
und kei-ne Qual rüh - ret sie an, kei - ne Qual, kei - ne Qual, kei - ne

Fl.
Ob.
Klar.(A)
Fag.
K.-Fag.
Hr.(D)
Trpt.(D)
Pos.
3. Pos. Tuba
Pk.
206
Qual, keine Qual rüh - ret sie an.
Qual, kei - ne Qual, kei - ne Qual rüh - ret sie an.
Qual, kei - ne Qual, kei - ne Qual, kei - ne Qual rührt sie an.
Qual, kei - ne Qual rüh - ret sie an, rüh - ret, rüh - ret sie an.

4. Wie lieblich sind deine Wohnungen

How aimiable are thy tabernacles

Fl.
Ob.
Klar. (B)
Fag.
Hr. (Es)
9
Ze - - - ba - oth, Herr Ze - ba - oth,
dei_ne Woh - nun - gen, Herr
gen_ Herr Ze - ba - oth, Herr Ze - ba - oth,

A
Fl.
Ob.
Klar. (B)
Fag.
Hr. (Es)
1.
19
Ze - ba - oth!
Ze - ba - oth!
Ze - ba - oth! Wie lieb - lich sind dei - ne
Ze - ba - oth, Herr Ze - ba - oth!
p espr.
Oben
A

Fl.
Ob.
Klar.(B)
Fag.
Hr. (Es)
29
p espr.
Wie lieb - - - - - lich sind
p espr.
Wie lieb - - - lich sind
Woh - nun - gen, Herr Ze - - - - ba - oth!
Wie lieb - -
p espr.
Wie lieb - - - - - - - - - - - lich sind

Fl.
Ob.
Klar. (B)
Fag.
Hr. (Es)
38
dei - ne Woh - nun - gen Herr Ze - - - ba - oth! Mei - ne See -
dei - ne Woh - nun - gen Herr Ze - - - ba oth! Mei - ne See -
lich sind dei - ne Woh - nun - gen Herr Ze - ba - oth! Mei - ne See -
dei - ne Woh - nun - gen Herr Ze - - ba - - oth! Mei - ne See -
pizz.
pizz.

Fl.
Ob.
Klar. (B)
Fag.
Hr. (Es)
cresc.
f
p
48
le
ver - lan - get und seh - net, und seh - net
le ver - lan - get und seh - net, ver - lan - get und seh -
le ver - langet und seh - net, ver - lan - get und seh -
le ver - langet und seh - net, ver - langet und seh - net, ver - lan - get und seh - net, seh - net
div.
arco

Fl.
Ob.
Klar. (B)
Fag.
Hr. (Es)
57
sich nach den Vor - hö_fen des Herrn; mein
net_ sich nach den Vor - hö_fen des Herrn; mein
net_ sich nach den Vor - hö_fen des Herrn; mein
sich nach den Vor - hö_fen des Herrn; mein
pizz.
div.
arco
unis.

B
Fl.
Ob.
Klar. (B)
Fag.
a 2
Hr. (Es)
66
Leib und See - le freu - en sich in dem le - ben - - di-gen Gott,
Leib und See - le freu - en sich in dem le - ben-di-gen Gott, mein Leib und
Leib und See - le freu - en sich in dem le - ben-di-gen Gott, mein Leib und
Leib und See - le freu - en sich in dem le - ben-di-gen Gott, mein Leib und
arco
arco
arco
arco
pizz.
pizz.
B

Fl.
Ob.
Klar. (B)
Fag.
Hr. (Es)
mf cresc.
p cresc.
2.
p cresc.
dim.
75
cresc.
freuen sich
f
in dem le - ben - - - - - di_gen Gott.
Seele freu - en sich
cresc.
in dem le - ben di_gen, in dem le - ben - - - - - di - gen Gott.
See - le freu - en sich
in dem le - ben - - - di_gen, in dem le - ben - - di - gen Gott.
See - le freu - en sich
in dem le - ben - - - di_gen, in dem le - ben_di_gen Gott.
fp
fp cresc.
arco
cresc.
f
dim.

Fl.
Ob.
Klar. (B)
Fag.
Hr. (Es)
p dolce
85
Wie lieb-lich sind dei-ne Woh-nun-gen, Herr Ze-
Wie lieb-lich sind dei-ne Woh-nun-gen, Herr Ze-
Wie lieb-lich sind dei-ne Woh-nun-gen, Herr Ze-
Wie lieb-lich sind dei-ne Woh-nun-gen, Herr
pizz.
arco

Fl.
p
p
Ob.
p
p
Klar. (B)
Fag.
Hr. (Es)
95
- ba - oth, Herr Ze - ba - oth, dei - ne Woh - nun - gen, Herr Ze -
- ba - oth, Herr Ze - ba - oth, dei - ne Woh - nun - gen, Herr Ze -
- ba - oth, Herr Ze - ba - oth, dei - ne Woh - nun - gen, Herr Ze -
Ze - ba - oth, Herr Ze - ba - oth, dei - ne Woh - nun - gen, Herr Ze - ba -

Fl.
a 2
Ob.
1.
Klar.(B)
Fag.
Hr. (Es)
105
ba - oth!
Wohl de - nen,
oth, Herr Ze - ba - oth!
legato espr.
p legato

C
Fl.
a 2
p
cresc.
Ob.
cresc.
Klar. (B)
cresc.
Fag.
Hr. (Es)
cresc.
f
115
p
cresc.
f
wohl de - nen, die in dei - nem Hau - se woh - nen, die
wohl de - nen, die in dei - nem Hau - se woh - nen,
wohl de - nen, die in dei - nem Hau - se woh - nen,
wohl de - nen, die in dei - nem Hau - se woh - nen,
cresc.
cresc.
cresc.
cresc.
cresc.
p
C

Fl.
a 2
Ob.
a 2
Klar. (B)
a 2
Fag.
a 2
Hr. (Es)
124
lo - ben dich immer - dar, die lo - ben dich,
die lo - ben dich immer - dar, immer - dar, im-mer, im-merdar, im-merdar, die lo - ben
die lo - ben dich im-mer - dar, lo - ben dich, lo - ben dich im-mer - dar, die lo - ben
die lo - ben dich im-mer - dar, — die lo-ben, die lo-ben, die lo-ben, die lo - ben dich,

Fl.
Ob.
Klar. (B)
Fag.
Hr. (Es)
a 2
133
die lo.ben dich immer.dar, immer.dar,
die lo.ben, die
dich immer.dar,
die lo . ben dich im.mer . dar, die lo . ben,
dich immer.dar,
die lo . ben dich im.mer . dar, die lo.ben dich im.mer . dar,
die lo .
die lo . ben dich immer.dar, immer.dar, die lo.ben dich im.mer.dar,

Fl.
Ob.
Klar. (B)
a 2
Fag.
Hr. (Es)
p
pp
143
lo - ben, die lo - ben, die lo - ben dich im - mer -
die lo - ben, die lo - ben, lo - ben dich im - mer -
ben, die lo-ben, die lo - ben, die lo-ben, die lo-ben dich im - mer -
die lo-ben, die lo-ben, die lo - ben, die lo-ben dich im - mer -
p dim.
pizz.
p
pp

D
p espr.
Fl.
p
Ob.
1.
p espr.
Klar. (B)
p
Fag.
Hr. (Es)
p
152
p dolce
dar!
Wie lieb - lich, wie lieb - lich,
p dolce
dar!
Wie lieb - lich, wie
p dolce
dar!
Wie lieb - lich, wie lieb - lich,
p dolce
dar!
Wie lieb - lich, wie
arco
p espr.
arco
p
arco
arco
p
D

Fl.
Ob.
Klar. (B)
Fag.
Hr. (Es)
cresc.
p legato
f
161
p
wie lieb - lich sind dei -
lieb - lich, wie lieb - lich, wie lieb - lich, wie lieb - lich sind dei -
wie lieb - lich sind dei -
lieb - lich, wie lieb - lich, wie lieb - lich, wie lieb - lich sind dei -
pizz.
arco

Fl.
Ob.
Klar. (B)
Fag.
Hr. (Es)
dim.
p
170
ne Woh - - - nun - gen!
ne Woh - - - nun - gen!
ne Woh - - - nun - gen!
ne Woh - - - nun - gen!
pizz.
arco

5. Ihr habt nun Traurigkeit

And ye now therefore have sorrow

Fl.
Ob.
Klar. (B)
Fag.
Hr. (D)
Solo
1.
pp
6
Trau - - - - rig - keit, Trau-rig-keit, Trau-rig-keit, ihr habt nun Traurig-
arco
div.

A
Fl.
Ob.
Klar. (B)
Fag.
Hr. (D)
14
keit; a - ber, a - ber ich will euch wieder se-hen und euer Herz soll sich freuen, und
p m. v.
Ich will euch
Ich will euch
Ich will euch
Ich will euch
poco cresc.
espr.
arco
A

Fl.
Ob.
1.
p
Klar. (B)
Fag.
Hr. (D)
20
eu - re Freu - de soll nie - mand, niemand von euch neh - - men.
pp
trö - sten, wie ei-nen sei-ne Mut - - ter trö - - stet, wie ei-nen sei-ne Mutter trö - -
trö - sten, wie ei-nen sei-ne Mut-ter trö - - - stet, wie ei-nen sei-ne Mutter trö - -
trö - sten, wie ei-nen sei-ne Mut - ter trö - - stet, wie ei-nen sei-ne Mutter trö - -
trö - sten, wie ei - nen sei - ne Mut-ter trö - - stet, wie ei-nen sei-ne Mutter trö - -
poco cresc.
poco cresc.
poco cresc.

B
Fl.
Ob.
Klar. (B)
Fag.
Hr. (D)
26
Se_het mich an: ich ha_be ei_ne klei_ne Zeit Mü_he und Ar_beit ge_habt und ha_be
stet.
stet.
stet.
stet.
B

Fl.
Ob.
Klar. (B)
Fag.
Hr. (D)
a 2
pp
p
32
gro - - - - - - - ßen Trost fun - - den;
p espr.
Ich will euch trö - sten,
Ich will euch trö - sten,
Ich will euch trö - sten, euch trö - sten,
Ich will euch trö - sten, euch trö - sten,
mf
div.

C
Fl.
Ob.
Klar. (B)
Fag.
Hr. (D)
38
ich ha_be ei_ne klei_ne Zeit Mü_he und Ar_beit ge_habt und ha_be gro_ßen, und ha_be gro_
p espr.
ich
p espr.
ich
poco cresc.
poco cresc.
C

D
Fl.
dim.
pp
Ob.
1. Solo
p
Klar. (B)
pp
Fag.
1.
p
Hr. (D)
dim.
pp
44
- - ßen, gro - ßen Trost fun - - den.
p espr.
dim.
ich will euch trö - - sten, trö - sten, trö - - - sten.
p espr.
dim.
ich will euch trö - - sten, trö - sten, trö - - - sten.
dim.
will euch trö - sten, euch trö - - sten, trö - sten, trö - - - sten.
dim.
will euch trö - sten, euch trö - - sten, trö - sten, trö - - - sten.
p
dim.
pizz.
p
dim.
pizz.
p
dim.
pizz.
Solo
p
p dim.
pizz.
pizz.
p
dim.
D

Fl.
1.
Ob.
1.
p
Klar. (B) 1.
pp
Fag.
pp
pp
Hr. (D)
pp
51
Ihr habt nun Trau - - - rig - keit, ihr habt nun Trau - - rig-keit,
arco
p
arco
p
arco
p
pizz.
arco
arco

E
Fl.
Ob.
Klar. (B)
Fag.
Hr. (D)
1.
58
Trau - - - rig - keit, a - - ber, a - - ber ich will euch wieder se - hen und euer
p espr.
Ich will euch
dim.
espr.
pizz.
arco
p
E

Fl.
Ob.
Klar.(B)
Fag.
Hr.(D)
1.
64
Herz soll sich freu_en und_ eu_re Freu - - de, und eu - - re Freu_de soll niemand von euch nehmen,
p espr.
Ich will_ euch trö - sten, wie einen seine Mut_ter trö - - stet, wie
pp
p espr.
Ich will euch trö - - sten, wie einen seine Mut_ter trö - - stet, wie
pp
trö - - sten, ich will euch trö - - - sten, wie einen seine Mut_ter trö - - stet, wie
pp
p espr.
Ich will euch trö - - - sten, wie einen seine Mut_ter trö - - stet, wie
pp

F
Fl.
mf
Ob.
Klar. (B)
mf
Fag.
mf
Hr. (D)
70
von euch neh - men,
p
cresc.
ei-nen sei-ne Mut-ter trö - - - - stet, ich will euch trö-sten, ich will euch
p
cresc.
ei-nen sei-ne Mut-ter trö - - - - stet, ich will euch trö-sten, ich will euch
p
cresc.
ei-nen sei-ne Mut-ter trö - stet, ich will euch trö-sten, ich will euch trö - sten, ich
p
cresc.
ei-nen sei-ne Mut-ter trö - stet, ich will euch trö-sten, ich will euch trö - sten, ich
pp
p dolce
cresc.
pp
p dolce
cresc.
pp
p dolce
cresc.
pp
p
cresc.
p
cresc.
F

Fl.
Ob.
Klar. (B)
Fag.
Hr. (D)
75
espr.
ich will euch wie_der se_hen, wie_der se_hen, wie_der se_hen!
trö_sten, ich will, will euch trö_sten, will euch trö_ _sten!
trö_sten, ich will, will euch trö_sten, will euch trö_ _sten!
will euch trö_sten, will euch trö_sten, will euch trö_ _sten!
will euch trö_sten, will euch trö_sten!
p dim.
pp
dim.
div.

6. Denn wir haben hie keine bleibende Statt

For here have we no continuing city

kl.Fl.
Fl.
Ob.
Klar.(A)
Fag.
K.-Fag.
Hr.(C)
Hr.(E)
Trpt.(C)
Pos.
3. Pos.Tuba
Pk.
10
zu - künf - ti - ge su - chen wir,
zu - künf - ti - ge su - chen wir, denn wir ha ben hie kei -
zu - künf - ti - ge su - chen, su - chen wir,
zu - künf - ti - ge su - chen wir, su - chen wir,
pizz.

kl.Fl.
Fl.
Ob.
Klar.(A)
Fag.
K.-Fag.
Hr.(C)
Hr.(E)
Trpt.(C)
Pos.
3.Pos.Tuba
Pk.
20
p
dim.
pp
dim. molto
denn wir ha-ben hie kei-ne blei - - ben-de Statt.
ne, kei - ne blei - ben-de Statt, wir ha-ben hie kei-ne blei - ben-de Statt, kei-ne blei - - - ben-de
denn wir ha-ben hie kei - ne, kei - ne blei - ben-de, kei - ne blei - ben-de Statt.
denn wir ha-ben hie kei-ne blei - ben-de, blei - ben-de Statt.

A
kl. Fl.
Fl.
Ob.
Klar. (A)
Fag.
K.-Fag.
Hr. (C)
Hr. (E)
Trpt. (C)
Pos.
3. Pos. Tuba
Pk.
Solo
pp
p
28
Siehe, ich sage euch ein Ge-heim - - - - nis: Wir wer-den nicht al-le ent-schla- -
Statt.
arco
div.
pp legato
A

kl.Fl
Fl.
Ob.
Klar.(A)
Fag.
K.-Fag.
Hr.(C)
Hr.(E)
Trpt.(C)
Pos.
3.Pos.Tuba
Pk.
37
fen,
wir wer - den
Wir wer - den nicht al - le ent - schla - fen,
Wir wer - den nicht al - le ent - schla - fen,
Wir wer - den nicht al - le ent - schla - fen,
Wir wer - den nicht al - le ent - schla - fen,

B
kl.Fl.
Fl.
Ob.
Klar. (A)
Fag.
K.-Fag.
Hr. (C)
Hr. (E)
Trpt. (C)
Pos.
3. Pos. Tuba
Pk.
47
a - ber al - le, al - le ver - wan - delt, ver - wan - delt wer - den,
wir wer - den a - ber
wir wer - den a - ber
wir wer - den a - ber
wir wer - den a - ber
B

kl.Fl.
Fl.
Ob.
Klar. (A)
Fag.
K.-Fag.
Hr. (C)
Hr. (E)
Trpt. (C)
Pos.
3.Pos. Tuba
Pk.
56
und das-sel-bi-ge plötz-lich
al-le ver-wan-delt wer-den;
al-le ver-wan-delt wer-den;
al-le ver-wan-delt wer-den;
al-le ver-wan-delt wer-den;

C accel.
kl. Fl.
Fl.
Ob.
Klar. (A)
Fag.
K.-Fag.
Hr. (C)
Hr. (E)
Trpt. (C)
Pos.
3. Pos. Tuba
Pk.
a 2
in B
fp cresc.
f cresc.
65
cresc. poco a poco
in ei - nem Augenblick, zu der Zeit der letzten Po-sau-ne.
zu der Zeit der letzten Po - - sau - - ne, der letz -
zu der Zeit der letzten Po - - sau - - ne, der letz -
zu der Zeit der letzten, der letz -
zu der Zeit der letz -
cresc.
senza sordini
senza sord.
C accel.

kl. Fl.
Fl.
Ob.
Klar. (B)
Fag.
K: Fag.
Hr. (C)
Hr. (E)
Trpt. (C)
Pos.
3. Pos. Tuba
Pk.
75
ten Po - sau - - - - - - - ne.
ten Po - sau - - - - - - - ne.
ten Po - sau - - - - - - - ne.
ten Po - sau - - - - - - - ne.

kl.Fl. Vivace
Fl.
a 2
Ob.
Klar. (B)
Fag.
K.-Fag.
Hr. (C)
Hr. (E)
Trpt. (C)
Pos.
3. Pos. Tuba
Pk.
82
Denn es wird die Po - sau - ne schal - - - len, und die To - ten wer - den
Vivace

kl. Fl.
Fl.
Ob.
Klar. (B)
Fag.
K.-Fag.
Hr. (C)
Hr. (E)
Trpt. (C)
Pos.
3. Pos. Tuba
Pk.
90
auf - er - ste - - - hen un-ver- wes - - - lich, unver- wes - -
auf - er - ste - - - hen un-ver- wes - - - lich, unver- wes - -
auf - er - ste - - - hen un-ver- wes - - - lich, unver- wes - -
auf - - er - ste - - - hen un-ver- wes - - - lich, unver- wes - -

D
kl.Fl.
Fl.
Ob.
Klar. (B)
Fag.
K.-Fag.
Hr. (C)
Hr. (E)
Trpt. (C)
Pos.
3. Pos. Tuba
Pk.
99
lich, und wir werden ver - wan - delt wer - - - - den.
lich, und wir werden ver - wandelt, ver - wan - delt wer - - den.
lich, und wir werden ver - wandelt, ver - wan - delt wer - - den.
lich, und wir werden ver - wandelt, ver - wan - delt wer - - den.
D

kl. Fl.
Fl.
Ob.
Klar. (B)
Fag.
K.-Fag.
Hr. (C)
Hr. (E)
Trpt. (C)
Pos.
3. Pos. Tuba
Pk.
108
Dann, dann wird er - fül - let wer - - den das Wort, das ge - schrie - ben

kl.Fl.
Fl.
Ob.
Klar. (B)
Fag.
K.-Fag.
Hr. (C)
Hr. (E)
Trpt. (C)
Pos.
3. Pos. Tuba
Pk.
122
steht:
Der Tod ist ver- schlun - gen in den
cresc.

kl.Fl.
Fl.
a 2
Ob.
Klar. (B)
Fag.
K.-Fag.
Hr. (C)
Hr. (E)
Trpt. (C)
Pos.
3. Pos. Tuba
Pk.
131
Sieg, der Tod ist ver - schlun - gen in den Sieg, in den
Sieg, der Tod ist ver - schlun - gen in den Sieg, in den
Sieg, der Tod ist ver - schlun - gen in den Sieg, in den
Sieg, der Tod ist ver - schlun - gen in den Sieg, in den

kl.Fl.
Fl.
a 2
Ob.
Klar. (B)
Fag.
K.-Fag.
Hr.(C)
Hr.(E)
Trpt. (C)
Pos.
3.Pos.Tuba
Pk.
140
Sieg, in den Sieg, ist ver - schlungen, ver - schlun - gen
Sieg, in den Sieg, ist ver - schlungen, ver - schlungen, ver -
Sieg, in den Sieg, ist ver - schlungen, ver - schlun - gen
Sieg, in den Sieg, ist ver - schlungen, ver - schlungen, ver -

E
kl. Fl.
Fl.
Ob.
Klar. (B)
Fag.
K.-Fag.
Hr. (C)
Hr. (E)
Trpt. (C)
Pos.
3. Pos. Tuba
Pk.
148
in den Sieg. Tod, wo ist dein Sta-chel! Tod, Tod,
schlungen in den Sieg. Tod, wo ist dein Sta-chel! Tod, Tod,
in den Sieg. Tod, wo ist dein Sta-chel! Tod, Tod,
schlungen in den Sieg. Tod, wo ist dein Sta-chel! Tod, Tod,
E

kl.Fl.
Fl.
Ob.
Klar.(B)
Fag.
K.-Fag.
Hr.(C)
Hr.(E)
a 2
Trpt.(C)
Pos.
3.Pos.Tuba
Pk.
157
wo ist dein Sta-chel? Höl - le, wo ist dein Sieg, ist dein Sieg, ist dein Sieg, Höl - le,
wo ist dein Sta-chel? Höl - le, wo ist dein Sieg, ist dein Sieg, ist dein Sieg, Höl - le,
wo ist dein Sta-chel? Höl - le, wo ist dein Sieg, ist dein Sieg, Höl - le,
wo ist dein Sta-chel? Höl - le, wo ist dein Sieg, ist dein Sieg, Höl - le,

kl.Fl.
Fl.
Ob.
Klar. (B)
Fag.
K.-Fag.
Hr.(C)
Hr.(E)
Trpt.(C)
Pos.
3.Pos. Tuba
Pk.
166
wo ist dein Sieg? Höl - le, wo ist dein Sieg, ist dein
wo ist dein Sieg? Höl - le, wo ist dein Sieg, ist dein
wo ist dein Sieg? Höl - le, wo ist dein Sieg, ist dein Sieg,
wo ist dein Sieg? Höl - le, wo ist dein Sieg, ist dein Sieg,

F
kl.Fl.
Fl.
Ob.
Klar.(B)
Fag.
K.-Fag.
Hr.(C)
Hr.(E)
Trpt.(C)
Pos.
3.Pos.Tuba
Pk.
174
Sieg, Höl - le, wo ist dein Sieg? Tod, wo ist dein
Sieg, Höl - le, wo ist dein Sieg? Tod, wo ist dein
Höl - le, Höl - le, wo ist dein Sieg? Tod, wo ist dein
Höl - le, Höl - le, wo ist dein Sieg? Tod, wo ist dein
F

kl. Fl.
Fl.
Ob.
Klar. (B)
Fag.
K.-Fag.
Hr. (C)
Hr. (E)
Trpt. (C)
Pos.
3. Pos. Tuba.
Pk.
183
Sta-chel? Höl- - le, wo, wo ist dein Sieg,
Sta-chel? Höl- - le, Höl- - le, wo ist dein Sieg,
Sta-chel? Höl- - le, Höl- - le, wo ist dein Sieg,
Sta-chel? Höl- - le, Höl- - le, wo ist dein Sieg,
a 2
ff

kl.Fl.
Fl.
Ob.
Klar. (B)
Fag.
K.-Fag.
Hr.(C)
Hr.(E)
Trpt.(C)
Pos.
3.Pos.Tuba
Pk.
191
wo,
wo,
wo,
wo,
wo,
wo,
wo,
wo,
wo,
wo,
wo,
wo,
wo,

kl.Fl.
Fl.
Ob.
Klar.(B)
Fag.
K.-Fag.
Hr.(C)
Hr.(E)
Trpt.(C)
Pos.
3.Pos.Tuba
Pk.
199
wo ist dein Sieg?
wo ist dein Sieg?
wo ist dein Sieg?
wo ist dein Sieg?

Allegro
kl.Fl.
kleine Flöte tacet
Fl.
Ob.
a 2
Klar.(B)
a 2
Fag.
K.-Fag.
Hr.(C)
Hr.(E
Trpt.(C)
Pos.
3.Pos.Tuba
Pk.
208
Herr, du bist wür - dig zu
Herr, du bist wür - dig zu nehmen Preis und Eh - re und Kraft,
denn du hast al - le
Allegro

Fl. I. II
Ob. a 2
Klar. (B)
Fag.
a 2
K.-Fag.
Hr. (C)
Hr. (E)
Trpt. (C)
Pos.
3. Pos. Tuba
Pk.
214
nehmen Preis und Eh - re und Kraft, denn du hast al - le Din - ge er - schaf - -
Din - ge er - schaf - - fen, und durch dei - nen Willen ha - ben sie das We - sen und sind ge - schaf -
Herr, du bist wür - - dig zu nehmen Preis und Eh - re und

G
Fl.
Ob.
Klar. (B)
Fag.
K-Fag.
Hr. (C)
Hr. (E)
Trpt. (C)
Pos.
3. Pos. Tuba
Pk.
220
fen, und durch dei_nen Willen ha_ben sie das We_sen und sind ge_schaf_fen,
fen, und sind geschaf_fen, ge_schaf_fen, Herr, du bist wür_dig zu
Herr, du bist wür_dig zu nehmen Preis und Eh_re und Kraft,
Kraft, denn du hast al_le Din_ge er_schaf_fen, und durch dei_nen Wil_len ha_ben
G

Fl.
Ob.
Klar.(B)
a 2
Fag.
a 2
f
K.-Fag.
Hr.(C)
Hr.(E)
Trpt.(C)
Pos.
3. Pos. Tuba
Pk.
226
Herr, du bist wür - dig zu neh - men Preis und Eh - re und Kraft,
neh - men Preis und Eh - re und Kraft, Herr, du bist wür - dig zu
und durch dei - nen Wil - len ha - ben sie das We - sen, Herr, du bist
sie das We - sen, Herr, du bist wür - dig zu neh - men Preis und

H
Fl.
Ob.
Klar. (B)
Fag.
K.-Fag.
Hr. (C)
Hr. (E)
Trpt. (C)
Pos.
3. Pos. Tuba
Pk.
231
Herr, du bist wür- - - - dig zu nehmen Preis und Eh - - re,
neh - men Preis, Preis und Eh - re, zu nehmen Preis und Eh - - re,
wür - - dig zu neh - - - men Preis und Eh - re und Kraft, denn du hast
Eh - re, und Eh - re, und Eh - - re und Kraft, denn du hast
pizz.
H

Fl.
Ob.
Klar. (B)
Fag.
K.-Fag.
Hr. (C)
Hr. (E)
Trpt. (C)
Pos.
3. Pos. Tuba
Pk.
236
und
und durch dei_nen Wil_len ha_ben sie das We - sen,
al - - - - - le Din_ge er_schaf_fen,
al_ -le Din - ge er - schaf_fen,

Fl.
Ob.
a 2
Klar. (B)
a 2
Fag.
a 2
K.-Fag.
Hr. (C)
Hr. (E)
Trpt. (C)
Pos.
3. Pos. Tuba
Pk.
242
sind ge - schaf - fen, Herr, du bist wür - dig zu neh - men Preis und
und sind ge - schaf - fen, denn du hast al - le Din - ge er -
und sind geschaf - fen, durch deinen Wil - len ha - ben sie das We - sen und
und sind ge - schaf - fen,

I
Fl.
Ob.
Klar. (B)
Fag.
K.-Fag.
Hr. (C)
Hr. (E)
Trpt. (C)
Pos.
3. Pos. Tuba
Pk.
247
Eh - re und Kraft, zu nehmen Preis und Eh-re, Preis und
schaf - - - fen, Herr, du bist wür - dig zu nehmen, zu nehmen Preis und Eh-re, Preis und
sind ge-schaf - fen, zu nehmen, zu nehmen Preis und Eh-re, Preis und
Herr, du bist wür - dig zu nehmen, zu nehmen Preis und Eh-re, Preis und
I

Fl.
Ob.
Klar. (B)
Fag.
K.-Fag.
Hr.(C)
Hr.(E)
Trpt.(C)
Pos.
3.Pos.Tuba
Pk.
a 2
253
Eh-re, Preis und Eh - re und Kraft, und Kraft, zu neh-men Preis und Eh - re und
Eh-re, Preis und Eh - re und Kraft, und Kraft, zu neh-men Preis und Eh - re und
Eh-re, Preis und Eh - re, Eh - re und Kraft, zu neh-men Preis und Eh - re und
Eh-re, Preis und Eh - re, und Eh - re und Kraft, Herr, du bist wür - dig zu

Fl.
Ob.
Klar. (B)
Fag.
K.-Fag.
Hr.(C)
Hr.(E)
Trpt.(C)
Pos.
3.Pos.Tuba
Pk.
259
Kraft, zu nehmen Preis und Eh-re, zu nehmen Preis und Eh - re und Kraft, und
Kraft, zu nehmen Preis und Eh-re, zu nehmen Preis und Eh - re und Kraft, und
Kraft, zu nehmen Preis und Eh-re, zu nehmen Preis und Eh - re, und Eh - re und
neh-men Preis und Eh-re, zu nehmen Preis und Eh-re, zu nehmen Preis und Eh - re, und Eh - re und

K
Fl.
Ob.
Klar. (B)
Fag.
K.-Fag.
Hr. (C)
Hr. (E)
Trpt. (C)
Pos.
3. Pos. Tuba
Pk.
a 2
cresc.
266
Kraft, zu neh-men Preis und Eh - re. Herr, du bist
Kraft, zu neh-men Preis und Eh - re und Kraft,
Kraft, zu neh-men Preis und Eh - re, durch dei-nen Wil - len
Kraft, zu neh-men Preis und Eh - re,
K

Fl.
Ob.
Klar. (B)
Fag.
K.-Fag.
Hr. (C)
Hr. (E)
Trpt. (C)
Pos.
3. Pos. Tuba
Pk
272
wür - dig zu nehmen Preis und Eh - re und Kraft, zu
Herr, du bist wür - dig zu neh - men Preis und Eh - re und Kraft, zu
ha - ben sie das We - sen, Herr, du bist wür - dig zu neh - men Preis und Eh - re, zu
Herr, du bist wür - dig Herr, du bist wür - dig zu nehmen Preis und

Fl.
Ob.
Klar. (B)
Fag.
a 2
K.-Fag.
f marc.
Hr. (C)
Hr. (E)
Trpt. (C)
Pos.
f marc.
3. Pos. Tuba
fz
f marc.
Pk.
278
nehmen Preis und Eh - re, zu neh - men Preis, zu neh - men Preis und Eh - - - - - - -
nehmen Preis und Eh - re, zu neh - men Preis, zu neh - men Preis und Eh - - - - - - -
nehmen Preis und Eh - re, zu neh - men Preis, zu neh - men Preis und Eh - - - - - re,
Eh - re, zu neh - men Preis und Eh - re, zu neh - men Preis und Eh - - - - - - re, zu
f
div.
sf
f marc.

L
Fl.
a 2
f marc.
Ob.
f marc.
Klar. (B)
f
ff
p
Fag.
K.-Fag.
Hr. (C)
Hr. (E)
a 2
Trpt. (C)
f
Pos.
3. Pos. Tuba
Pk.
tr
285
- re,
zu
neh-men Preis und
Eh - re und
Kraft,
re,
zu
nehmen Preis, zu
neh-men Preis und
Eh - re und
Kraft,
p espr.
zu nehmen
Preis,
zu
neh-men Preis und
Eh - re und
Kraft,
denn
du
hast
nehmen Preis,
zu
neh-men Preis und
Eh - re und
Kraft,
fp
L

Fl
Ob.
Klar. (B)
Fag.
K.-Fag.
Hr. (C)
Hr. (E)
Trpt. (C)
Pos.
3. Pos. Tuba
Pk.
292
denn du hast al - le — Din - ge er -
denn du hast al - le Din - ge er - schaf -
al - le — Din - ge er - schaf - fen, al - le Din - ge er - schaf - fen,
pizz.

Fl.
Ob.
Klar. (B)
Fag.
K.-Fag.
Hr. (C)
Hr. (E)
Trpt. (C)
Pos.
3. Pos. Tuba
Pk.
298
cresc.
f
arco
schaf - fen, und durch dei - nen Wil - len ha - ben sie das We - sen und sind ge -
fen, und durch dei - nen Wil - len ha - ben sie das We - sen und sind ge -
und durch dei - nen Wil - len ha - ben sie das We - sen, das We - sen und sind ge -

Fl.
a 2
Ob.
Klar.(B)
Fag.
K.-Fag.
marc.
Hr.(C).
Hr.(E)
Trpt. (C)
Pos.
3. Pos.Tuba
Pk.
304
schaf - fen,
Herr, du bist wür - dig zu neh - men Preis und
schaf - fen,
Herr, du bist wür - dig zu neh - men, zu neh - men Preis und
schaf - fen,
Herr, du bist wür - dig zu neh - men Preis und Eh - - - - re und Kraft,
Herr, du bist wür - dig zu neh - men Preis und Eh - re,
Eh - re und Kraft,
zu
marc.

M
Fl.
Ob.
Klar. (B)
Fag.
K.-Fag.
Hr. (C)
Hr. (E)
Trpt. (C)
a 2
Pos.
3. Pos. Tuba
Pk.
311
Eh - re, zu neh-men Preis und Eh - re und Kraft,
Eh - re, zu neh-men Preis. Preis und Eh - re und Kraft, denn du hast
zu nehmen Preis, Preis, Preis und Eh - re und Kraft,
nehmen Preis, zu neh-men Preis und Eh - re und Kraft,
p espr.
M

318

Fl.
Ob.
Klar.(B)
Fag.
K.-Fag.
Hr.(C)
Hr.(E)
Trpt.(C)
Pos.
3. Pos. Tuba
Pk.
p
p espr.
cresc.
pizz.
denn du hast al - le Din - ge er - schaf - fen,
al - le Din - ge, al - le Din - - - ge er - - schaf - - - fen, und durch
denn du hast al - le, al - le Din - ge er - schaf - fen, und durch dei - nen
denn du hast al - le Din - ge er - schaf - fen,

N
Fl.
cresc.
Ob.
Klar. (B)
Fag.
K-Fag.
Hr. (C)
Hr. (E)
Trpt. (C)
Pos.
3. Pos. Tuba
Pk.
325
und durch dei_nen Wil - len ha_ben sie das We - sen und_ sind ge - schaf_fen.
dei - _nen Wil_len ha_ben sie das_ We - sen und sind ge - schaf_fen. Herr,
Wil - _len ha_ben sie das We - sen, das We - sen und_ sind ge - schaf_fen. Herr, du bist
und durch dei - nen Wil_len ha_ben sie_ das We - sen. Herr, du bist wür_dig,
arco
N

Fl.
Ob.
Klar. (B)
Fag.
K.-Fag.
Hr. (C)
Hr. (E)
Trpt. (C)
Pos.
3. Pos. Tuba
Pk.
332
Herr, du bist wür - dig, Herr, du bist wür - dig, Herr, du bist wür - dig zu
du bist wür - dig, Herr, du bist wür - dig, Herr, du — bist — wür - dig, bist wür - dig zu
wür - dig zu neh - men, Herr, du bist wür - dig, — Herr, du bist wür - dig, — wür - dig zu
Herr, du bist wür - dig, Herr, du bist wür - dig, — Herr, du bist wür - dig zu

Fl.
Ob.
Klar. (B)
a 2
Fag.
K-Fag.
Hr. (C)
Hr. (E)
Trpt. (C)
Pos.
3. Pos. Tuba
Pk.
339
neh-men Preis und Eh - - re und Kraft, zu neh-men Preis und Eh - - - re und Kraft.
neh-men Preis und Eh - - re und Kraft, zu neh-men Preis und Eh - - - re und Kraft.
neh-men Preis und Eh - - re und Kraft, zu neh-men Preis und Eh - - - re und Kraft.
neh-men Preis und Eh - - re und Kraft, zu neh-men Preis und Eh - - - re und Kraft.

7. Selig sind die Toten

Blessed are the dead

Fl.
Ob.
Klar. (B)
Fag.
a 2
K.-Fag.
Hr. (F)
Hr. (E)
Pos.
7
Harfe
- - ben von nun an, von nun an.
Se - - - - - lig sind die To - ten, die in dem
Ped.

A
Fl.
Ob.
Klar. (B)
a 2
Fag.
K.-Fag.
Hr.(F)
Hr.(E)
Pos.
14
Harfe
Se-lig, sind die To - ten se - - lig,
Se-lig, se-lig sind die To - ten, se - lig,
Se - lig, se - lig, se-lig sind die
Her-ren ster - - - ben von nun an, von nun an, se - lig, se - lig, se-lig sind die
A

Fl.
Ob.
Klar. (B)
Fag.
K.-Fag.
Hr. (F)
Hr. (E)
Pos.
21
Harfe
se - lig — sind die — To - ten, die To - ten, die — in dem Her - ren ster - ben,
se - lig — sind die — To - ten, die To - ten, die — in dem Her - ren ster - ben,
To - ten, — sind — die — To - ten, die To - ten, die — in dem Her - ren ster - ben,
To - ten, die To - ten, se - lig, se - lig sind die To - ten, die in dem

Fl.
dim.
Ob.
dim.
Klar.(B)
dim.
Fag.
dim.
K.-Fag.
dim.
p
tacet
Hr.(F)
mf
Hr.(E)
Pos.
28
Harfe
die in dem Her - ren ster - - - ben von nun an.
in dem Her - ren ster - - - ben von nun an.
in dem Her - ren ster - - - ben von nun an.
Her - - ren ster - - - ben von nun an.
mf
p

B
Fl.
a 2
Ob.
Klar. (B)
Fag.
a 2
mf
Hr. (F)
p
Hr. (E)
pp
a 2
Pos.
pp
36
Harfe
p
Ja der Geist spricht,
p
Ja der Geist spricht, daß sie ru- -
p
Ja der Geist spricht, daß sie ru- -
pizz.
mf
p
B

Fl.
Ob.
Klar. (B)
Fag.
Hr. (F)
Hr. (E)
Pos.
45
Harfe
p espr.
arco
- hen von ih - rer Ar - beit, daß sie ru - hen von
- hen von ih - rer Ar - beit, daß sie ru - hen
daß sie ru - hen von
daß sie ru - hen von

Fl.
Ob.
Klar. (B)
Fag.
Hr. (F)
Hr. (E)
Pos.
52
Harfe
1.
p espr.
pp
mf
espr.
ih - rer Ar - - beit; denn ih - re Wer - ke fol - gen ih-nen nach; daß sie
ih - rer_ Ar - beit; denn ih-re Wer - ke folgen ih - - nen nach;
ih - - rer_ Ar - beit; denn ih-re Wer - - ke fol - gen ih - nen nach;
von_ ih - rer Ar - beit; denn ih-re Wer - - ke fol - gen ih - nen nach;
pizz.
6

Fl.
Ob.
Klar. (B)
Fag.
Hr. (F)
Hr. (E)
Pos.
60
Harfe
ru - hen von ih - rer Ar - beit; denn ih - re Wer - ke
p espr.
daß sie ru - hen von ih - rer Ar - beit; denn ih - re Wer - ke
p espr.
daß sie ru - hen von ih - rer Ar - beit; denn ih - re Wer - ke
p espr.
daß sie ru - hen von ih - rer Ar - beit; denn ih - re Wer - ke

Fl.
Ob.
Klar. (B)
Fag.
Hr. (F)
Hr. (E)
Pos.
66
Harfe
dolce
fol - - - - - gen ih - - - - nen nach,
fol - - - - - gen, fol - - gen ih - nen nach,
fol - - - - - gen, fol - - gen ih - nen nach,
fol - - - - - gen ih - - - - - nen nach,
mf
pp
dim.
a 2

C
Fl.
p
1.
p espr.
Ob.
p
1.
p espr.
Klar.(B)
pp
Fag.
Hr.(F)
p
Hr.(E)
pp
Pos.
pp
72
Harfe
fol - gen ih - nen nach.
p dolce
daß sie ru - hen,
p dolce
fol - gen ih - nen nach.
Ja der Geist spricht,
daß sie ru - hen,
p dolce
fol - gen ih - nen nach.
daß sie ru - hen,
p dolce
pp
fol - gen ih - nen nach.
Ja der Geist spricht,
ja der Geist
p
pp
pp
p
p
pp
arco
p
pp
pp
C

Fl.
Ob.
Klar. (B)
Fag.
Hr. (F)
Hr. (E)
Pos.
83
Harfe
p
pp
espr.
daß sie ru - hen, daß sie ru - hen von
daß sie ru - hen, daß sie ru - hen von
daß sie ru - hen von
spricht,
daß sie ru - hen von

Fl.
Ob.
Klar. (B)
Fag.
Hr. (F)
Hr. (E)
Pos.
90
Harfe
1.
p espr.
1.
p espr.
dim.
dolce
p
ih - rer Ar - - beit; denn ih - re Wer - ke, ih - re Wer - ke fol - - gen, fol - gen
ih - - rer Ar - beit; denn ih - re Wer - ke, denn ih - re Wer - ke fol - - gen, fol - gen
ih - rer Ar - - beit; denn ih - re Wer - ke, denn ih - re Wer - - ke fol - - gen, fol - gen
ih - - rer Ar - beit; denn ih - re Wer - - ke, denn ih - re Wer - - ke fol - - gen, fol - gen
pp
pizz.

Fl.
a 2
Ob.
Klar. (B)
Fag.
Hr. (F)
Hr. (E)
Pos.
99
Harfe
ih - nen nach.
ih - nen nach.
ih - nen nach.
Se - - - lig - sind die To - ten, die in dem Herren ster -
ih - nen nach.
cresc.
arco

Fl.
Ob.
Klar. (B)
Fag.
Hr. (F)
Hr. (E)
Pos.
108
Harfe
f
1.
a 2
Se_lig, se_lig sind die To_ten, se_lig, se_lig_ sind die To_
Se_lig, se_lig sind die_ To_ten, die in_ dem Her_ren_
_ _ ben von nun an, von nun an, se_lig sind die_ To_ten, die in_ dem Her_ren ster_
Se_ _lig, se_lig,_ se_lig sind die_ To_ten,
Ped.

Fl.
Ob.
Klar. (B)
Fag.
Hr. (F)
Hr. (E)
Pos.
116
Harfe
dim.
p
- ten, die To - ten, die in dem Her - ren ster - ben, die in dem Her - ren ster -
ster - ben, die To - ten, die in dem Her - ren ster - ben, die in dem Her - ren ster -
- ben, die To - ten, die in dem Her - ren ster - ben, die in dem Her - ren ster -
se - lig sind die To - ten, die in dem Her - ren, in dem Her - ren ster -

D
Fl.
Ob.
Klar. (B)
Fag.
Hr. (F)
Hr. (E)
Pos.
124
Harfe
ben von nun an.
Se_lig
cresc.
D

Fl.
p espr.
Ob.
p espr.
Klar. (B)
Fag.
Hr. (F)
Hr. (E)
Pos.
mf cresc.
131
Harfe
sind die To - ten, se - lig sind, se - lig sind die
Se - lig sind die To - ten, se - lig sind die To - ten, se - lig sind die To - ten,
Se - lig sind die To - ten, die in dem Herrn ster - ben, se - lig, se - lig sind die
Se - lig sind die To - ten, se - lig sind die To - ten, sind die
cresc.
pp

Fl.
cresc.
p espr.
Ob.
p espr.
Klar. (B)
Fag.
Hr. (F)
a 2
Hr. (E)
Pos.
mf cresc.
140
Harfe
To - ten, die To - ten, se - lig sind, se - lig sind,
se - lig sind die To - ten, se - lig sind, se - lig sind, se - lig sind die To -
To - ten, die To - - ten, se - lig sind, se - lig sind,
To - ten, sind die To - ten, se - lig sind,
div.

Fl.
Ob.
Klar. (B)
Fag.
Hr. (F)
Hr. (E)
Pos.
150
Harfe
se - lig sind die To - ten, die in dem Her - -
ten, se - - lig sind, se - lig sind die
die in dem Herrn ster - ben, se - - lig sind, se - - lig sind die To - ten, die in dem
se - - lig sind, sind die To - ten,

END OF EDITION

DOVER FULL-SIZE ORCHESTRAL SCORES

THE SIX BRANDENBURG CONCERTOS AND THE FOUR ORCHESTRAL SUITES IN FULL SCORE, Johann Sebastian Bach. Complete standard Bach-Gesellschaft editions in large, clear format. Study score. 273pp. 9 x 12. 23376-6 Pa. **$12.95**

COMPLETE CONCERTI FOR SOLO KEYBOARD AND ORCHESTRA IN FULL SCORE, Johann Sebastian Bach. Bach's seven complete concerti for solo keyboard and orchestra in full score from the authoritative Bach-Gesellschaft edition. 206pp. 9 x 12.
24929-8 Pa. **$11.95**

THE THREE VIOLIN CONCERTI IN FULL SCORE, Johann Sebastian Bach. concerto in A Minor, BWV 1041; Concerto in E Major, BWV 1042; and Concerto for Two Violins in D Minor, BWV 1043. Bach-Gesellschaft edition. 64pp. 9⅜ x 12¼.
25124-1 Pa. **$6.95**

GREAT ORGAN CONCERTI, OPP. 4 & 7, IN FULL SCORE, George Frideric Handel. 12 organ concerti composed by great Baroque master are reproduced in full score from the *Deutsche Handelgesellschaft* edition. 138pp. 9⅜ x 12¼. 24462-8 Pa. **$12.95**

COMPLETE CONCERTI GROSSI IN FULL SCORE, George Frideric Handel. Monumental Opus 6 Concerti Grossi, Opus 3 and "Alexander's Feast" Concerti Grossi—19 in all—reproduced from most authoritative edition. 258pp. 9⅜ x 12¼. 24187-4 Pa. **$13.95**

LATER SYMPHONIES, Wolfgang A. Mozart. Full orchestral scores to last symphonies (Nos. 35–41) reproduced from definitive Breitkopf & Härtel Complete Works edition. Study score. 285pp. 9 x 12. 23052-X Pa. **$14.95**

PIANO CONCERTOS NOS. 17–22, Wolfgang Amadeus Mozart. Six complete piano concertos in full score, with Mozart's own cadenzas for Nos. 17–19. Breitkopf & Härtel edition. Study score. 370pp. 9⅜ x 12¼. 23599-8 Pa. **$16.95**

PIANO CONCERTOS NOS. 23–27, Wolfgang Amadeus Mozart. Mozart's last five piano concertos in full score, plus cadenzas for Nos. 23 and 27, and the Concert Rondo in D Major, K.382. Breitkopf & Härtel edition. Study score. 310pp. 9⅜ x 12¼.
23600-5 Pa. **$16.95**

DAPHNIS AND CHLOE IN FULL SCORE, Maurice Ravel. Definitive full-score edition of Ravel's rich musical settings of a Greek fable by Longus is reprinted here from the original French edition. 320pp. 9⅜ x 12¼. (Not available in France or Germany) 25826-2 Pa. **$17.95**

THREE GREAT ORCHESTRAL WORKS IN FULL SCORE, Claude Debussy. Three favorites by influential modernist: *Prélude à l'Après-midi d'un Faune, Nocturnes,* and *La Mer.* Reprinted from early French editions. 279pp. 9 x 12. 24441-5 Pa. **$14.95**

SYMPHONY IN D MINOR IN FULL SCORE, César Franck. Superb, authoritative edition of Franck's only symphony, an often-performed and recorded masterwork of late French romantic style. 160pp. 9 x 12. 25373-2 Pa. **$11.95**

THE GREAT WALTZES IN FULL SCORE, Johann Strauss, Jr. Complete scores of eight melodic masterpieces: The Beautiful Blue Danube, Emperor Waltz, Tales of the Vienna Woods, Wiener Blut, four more. Authoritative editions. 336pp. 8⅜ x 11¼. 26009-7 Pa. **$14.95**

THE FIREBIRD IN FULL SCORE (Original 1910 Version), Igor Stravinsky. Handsome, inexpensive edition of modern masterpiece, renowned for brilliant orchestration, glowing color. Authoritative Russian edition. 176pp. 9⅜ x 12¼. (Available in U.S. only) 25535-2 Pa. **$10.95**

PETRUSHKA IN FULL SCORE: Original Version, Igor Stravinsky. The definitive full-score edition of Stravinsky's masterful score for the great Ballets Russes 1911 production of *Petrushka.* 160pp. 9⅜ x 12¼. (Available in U.S. only) 25680-4 Pa. **$11.95**

Available from your music dealer or write for ***free*** *Music Catalog to Dover Publications, Inc., Dept. MUBI, 31 East 2nd Street, Mineola, N.Y. 11501.*